革命与共和

孙中山读本

孙中山 著

天津出版传媒集团

天津人民出版社

图书在版编目(CIP)数据

革命与共和：孙中山读本 / 孙中山著. —— 天津：
天津人民出版社, 2017.7
ISBN 978-7-201-11726-3

Ⅰ.①革… Ⅱ.①孙… Ⅲ.①孙中山(1866–1925)
-文集 Ⅳ.①K827=6

中国版本图书馆 CIP 数据核字(2017)第 098138 号

革命与共和：孙中山读本
GEMING YU GONGHE: SUN ZHONGSHAN DUBEN

出　　版	天津人民出版社
出 版 人	黄　沛
地　　址	天津市和平区西康路 35 号康岳大厦
邮政编码	300051
邮购电话	(022)23332469
网　　址	http://www.tjrmcbs.com
电子信箱	tjrmcbs@126.com
责任编辑	张　璐
特约编辑	王　鹤　顾逸飞
印　　刷	高教社(天津)印务有限公司
经　　销	新华书店
开　　本	880×1230 毫米　1/32
印　　张	6.75
插　　页	1
字　　数	150 千字
版次印次	2017 年 7 月第 1 版　2017 年 7 月第 1 次印刷
定　　价	35.00 元

目录 | Contents

第一革命

1894 - 1911

———————

敢有为石敬瑭、吴三桂
之所为者
天下共击之

上李鸿章书

官太傅爵中堂钧座：

敬禀者：窃文籍隶粤东，世居香邑，曾于香港考授英国医士。幼尝游学外洋，于泰西之语言文学，政治礼俗，与夫天算地舆之学，格物化学之理，皆略有所窥，而尤留心于其富国强兵之道，化民成俗之规；至于时局变迁之故，睦邻交际之宜，辄能洞其阃奥。当今光气日开，四方毕集，正值国家励精图治之时，朝廷勤求政理之日，每欲以管见所知，指陈时事，上诸当道，以备刍荛之采。嗣以人微言轻，未敢遽达。比见国家奋筹富强之术，月异日新，不遗余力，骎骎乎将与欧洲并驾矣。快舰、飞车、电邮、火械，昔日西人之所恃以凌我者，我今亦已有之，其他新法亦接踵举行。则凡所以安内攘外之大经，富国强兵之远略，在当局诸公已筹之稔矣。又有轺车四出，则外国之一举一动，亦无不周知。草野小民，生逢盛世，惟有遯听欢呼、闻风鼓舞而已，夫复何所指陈？然而犹有所言者，正欲于乘可为之时，以竭其愚夫之千虑，仰赞高深于万一也。

窃尝深维欧洲富强之本，不尽在于船坚炮利、垒固兵强，而在于人能尽其才，地能尽其利，物能尽其用，货能畅其流——此四事者，富强之大经，治国之大本也。我国家欲恢扩宏图，勤求远略，仿行西法以筹自强，而不急于此四者，徒惟坚船利炮之是务，是舍本而图末也。

　　所谓人能尽其才者，在教养有道，鼓励有方，任使得法也。

　　夫人不能生而知，必待学而后知；人不能皆好学，必待教而后学。故作之君，作之师，所以教养之也。自古教养之道，莫备于中华；惜日久废弛，庠序亦仅存其名而已。泰西诸邦崛起近世，深得三代之遗风，庠序学校遍布国中，人无贵贱皆奋于学。凡天地万物之理，人生日用之事，皆列于学之中，使通国之人童而习之，各就性质之所近而肆力焉。又各设有专师，津津启导，虽理至幽微，事至奥妙，皆能有法以晓喻之，有器以窥测之。其所学由浅而深，自简及繁，故人之灵明日廓，智慧日积也。质有愚智，非学无以别其才；才有全偏，非学无以成其用。有学校以陶冶之，则智者进焉，愚者止焉，偏才者专焉，全才者普焉。盖贤才之生，或千百里而见一，或千万人而有一，若非随地随人而施教之，则贤才亦以无学而自废，以至于湮没而不彰。泰西人才之众多者，有此教养之道也。

　　且人之才志不一，其上焉者，有不徒苟生于世之心，则虽处布衣而以天下为己任，此其人必能发奋为雄，卓异自立，无待乎勉勖也，所谓"豪杰之士不待文王而后兴也"。至中焉者，端赖乎鼓励以方，故泰西之士，虽一才一艺之微，而国家必宠以科名，是故人能自奋，士不虚生。逮至学成名立之余，出而用世，则又有学会以资其博，学报以进其益，萃全国学者之能，日稽考于古人之所已知，推求乎今人之所不逮，翻陈出新，开世人无限之灵机，阐天地无穷之奥理，则士处其间，岂复有孤陋寡闻者哉？又学者倘能穷一新理，创一新器，必邀国家之上赏，则其国之士，岂有不专心致志者哉？此泰西各种学问所以日新月异而岁不同，几于夺造化而疑鬼神者，有此鼓励之方也。

今使人于所习非所用，所用非所长，则虽智者无以称其职，而巧者易以饰其非。如此用人，必致野有遗贤，朝多幸进。泰西治国之规，大有唐虞之用意。其用人也，务取所长而久其职。故为文官者，其途必由仕学院；为武官者，其途必由武学堂；若其他，文学渊博者为士师，农学熟悉者为农长，工程达练者为监工，商情谙习者为商董，皆就少年所学而任其职。总之，凡学堂课此一业，则国家有此一官，幼而学者即壮之所行，其学而优者则能仕。且恒守一途，有升迁而无更调。夫久任则阅历深，习惯则智巧出，加之厚其养廉，永其俸禄，则无瞻顾之心，而能专一其志。此泰西之官无苟且、吏尽勤劳者，有此任使之法也。

故教养有道，则天无枉生之才；鼓励以方，则野无郁抑之士；任使得法，则朝无幸进之徒。斯三者不失其序，则人能尽其才矣；人既尽其才，则百事俱举，百事举矣，则富强不足谋也。秉国钧者，盍于此留意哉！

所谓地能尽其利者，在农政有官，农务有学，耕耨有器也。

夫地利者，生民之命脉。自后稷教民稼穑，我中国之农政古有专官。乃后世之为民牧者，以为三代以上民间养生之事未备，故能生民能养民者为善政；三代以下民间养生之事已备，故听民自生自养而不再扰之，便为善政——此中国今日农政之所以日就废弛也。

农民只知恒守古法，不思变通，垦荒不力，水利不修，遂致劳多而获少，民食日艰。水道河渠，昔之所以利农田者，今转而为农田之害矣。如北之黄河固无论矣，即如广东之东、西、北三江，于古未尝有患，今则为患年甚一年；推之他省，亦比比如是。此由于无专责之农官以理之，农民虽患之而无如何，欲修之而力不逮，不得不付之于茫茫之定数而已。年中失时伤稼，通国计之，其数不知几千亿兆，此其耗于水者固如此其多矣。其他荒地之不辟，山泽之不治，每年遗利又不知凡几。所谓地有遗利，民有余力，生谷之土未尽垦，山泽之利未尽出也，如此而欲致富不亦难乎！泰西国家深明致富之大源，在于无遗地利，无失农时，故特设专官经略其事，凡有利于农田者无不兴，有害于农田者无不除。如印度之恒河，美国之密士，其昔泛滥之患亦不亚于黄河，而卒能平治之者，人事未始不可以补天工也。有国家者，可不急设农官以劝其民哉！

水患平矣，水利兴矣，荒土辟矣，而犹不能谓之地无遗利而生民养民之事备也，盖人民则日有加多，而土地不能以日广也。倘不日求进益，日出新法，则荒土既垦之后，人民之溢于地者，不将又有饥馑之患乎，是在急兴农学，讲求树畜，速其长植，倍其繁衍，以弥此憾也。顾天生人为万物之灵，故备万物为之用，而万物固无穷也，在人之灵能取之用之而已。夫人不能以土养，而土可生五谷百果以养人；人不能以草食，而草可长六畜以为人食。夫土也，草也，固取不尽而用不竭者也，是在人能考土性之所宜，别土质之美劣而已。倘若明其理法，则能反碛土为沃壤，化瘠土为良田，此农家之地学、化学也。别种类之生机，分结实之厚薄，察草木之性质，明六畜之生理，则繁衍可期而人事得操其权，此农家之植物学、动物学也。日光能助物之生长，电力能速物之成熟，此农家之格物学也。蠹蚀宜防，疫疠宜避，此又农家之医学也。农学既明，则能使同等之田产数倍之物，是无异将一亩之田变为数亩之用，即无异将一国之地广为数国之大也。如此，则民虽增数倍，可无饥馑之忧矣。此农政学堂所宜亟设也。

农官既设，农学既兴，则非有巧机无以节其劳，非有灵器无以速其事，此农器宜讲求也。自古深耕宜耨，皆藉牛马之劳，乃近世制器日精，多以器代牛马之用，以其费力少而成功多也。如犁田，则一器能作数百牛马之工；起水，则一器能溉千顷之稻；收获，则一器能当数百人之刈。他如凿井浚河，非机无以济其事；垦荒伐木，有器易以收其功。机器之于农，其用亦大矣哉。故泰西创器之家，日竭灵思，孜孜不已，则异日农器之精，当又有过于此时者矣。我中国宜购其器而仿制之。

故农政有官则百姓勤，农务有学则树畜精，耕耨有器则人力省，此三者，我国所当仿行以收其地利者也。

所谓物能尽其用者，在穷理日精，机器日巧，不作无益以害有益也。

泰西之儒以格致为生民根本之务，舍此则无以兴物利民，由是孜孜然日以穷理致用为事。如化学精，则凡动植矿质之物，昔人已知其用者，固能广而用之，昔人未知其用者，今亦考出以为用。火油也，昔日弃置如遗，今为日用之要需，每年入口为洋货之一大宗；煤液也，昔日视为无用，今可炼为药品，炼为颜料。又煮沙以作玻器，化土以取矾精，煅石以为田料，诸如此类，不胜缕书。此皆从化学之理而得收物之用，年中不知裕几许财源，我国倘能推而仿之，亦致富之一大经也。格致之学明，则电风水火皆为我用。以风动轮而代人工，以水冲机而省煤力，压力相吸而升水，电性相感而生光，此犹其小焉者也。至于火作汽以运舟车，虽万马所不能及，风潮所不能当；电气传邮，顷刻万里，此其用为何如哉！然而物之用更有不止于此者，在人能穷求其理，理愈明而用愈广。如电，无形无质，似物非物，其气付于万物之中，运乎六合之内；其为用较万物为最广而又最灵，可以作烛，可以传邮，可以运机，可以毓物，可以开矿。顾作烛、传邮已大行于宇内，而运机之用近始知之，将来必尽弃其煤机而用电力也。毓物开矿之功，尚未大明，将来亦必有智者究其理，则生五谷，长万物，取五金，不待天工而由人事也。然而取电必资乎力，而发力必藉乎煤，近又有人想出新法，用瀑布之水力以生电，以器蓄之，可待不时之用，可供随地之需，此又取之无禁，用之不竭者也。由此而推，物用愈求则人力愈省，将来必至人只用心，不事劳人力而全役物力矣。此理有固然，事所必至也。

机器巧，则百艺兴，制作盛，上而军国所需，下而民生日用，皆能日就精良而省财力，故作人力所不作之工，成人事所不成之物。如五金之矿，有机器以开，则碎坚石如齑粉，透深井以吸泉，得以辟天地之宝藏矣。织造有机，则千万人所作之工，半日可就；至缫废丝，织绒呢，则化无用为有用矣。机器之大用不能遍举。我中国地大物博，无所不具，倘能推广机器之用，则开矿治河，易收成效，纺纱织布，有以裕民。不然，则大地之宝藏，全国之材物，多有废弃于无用者，每年之耗不止凡几。如是，而国安得不贫，而民安得不瘠哉！谋富国者，可不讲求机器之用欤。

物理讲矣，机器精矣，若不节惜物力，亦无以固国本而裕民生也。故泰西之民，鲜作无益。我中国之民，俗尚鬼神，年中迎神赛会之举，化帛烧纸之资，全国计之每年当在数千万。此以有用之财作无益之事，以有用之物作无用之施，此冥冥一大漏卮，其数较鸦片为尤甚，亦有国者所当并禁也。

夫物也者，有天生之物，有地产之物，有人成之物。天生之物如光、热、电者，各国之所共，在穷理之浅深以为取用之多少。地产者如五金、百谷，各国所自有，在能善取而善用之也。人成之物，则系于机器之灵笨与人力之勤惰。故穷理日精则物用呈，机器日巧则成物多，不作无益则物力节，是亦开财源节财流之一大端也。

所谓货能畅其流者，在关卡之无阻难，保商之有善法，多轮船铁道之载运也。

夫百货者，成之农工而运于商旅，以此地之赢余济彼方之不足，其功亦不亚于生物成物也。故泰西各国体恤商情，只抽海口之税，只设入国之关，货之为民生日用所不急者重其税，货之为民生日用所必需者轻其敛。入口抽税之外，则全国运行，无所阻滞，无再纳之征，无再过之卡。此其百货畅流，商贾云集，财源日裕，国势日强也。中国则不然。过省有卡，越境有卡，海口完纳，又有补抽，处处敛征，节节阻滞。是奚异遍地风波，满天荆棘。商贾为之裹足，负贩从而怨嗟。如此而欲百货畅流也，岂不难乎？夫贩运者亦百姓生财之一大道也，百姓足，君孰与不足；百姓不足，君孰与足？以今日关卡之滥征，吏胥之多弊，商贾之怨毒，诚不能以此终古也。徒削平民之脂膏，于国计民生初无所裨。谋富强者，宜急为留意于斯，则天下幸甚！

夫商贾逐什一之利，别父母，离乡井，多为饥寒所驱，经商异地，情至苦，事至艰也。若国家不为体恤，不为保护，则小者无以觅蝇头微利，大者无以展鸿业远图。故泰西之民出外经商，国家必设兵船、领事为之护卫，而商亦自设保局银行，与相倚恃。国政与商政并兴，兵饷以商财为表里。故英之能倾印度，扼南洋，夺非洲，并澳土者，商力为之也。盖兵无饷则不行，饷非商则不集。西人之虎视寰区，凭凌中夏者，亦商为之也。是故商者，亦一国富强之所关也。我中国自与西人互市以来，利权皆为所夺者，其故何哉？以彼能保商，我不能保商，而反剥损遏抑之也。商不见保则货物不流，货物不流则财源不聚，是虽地大物博，无益也。以其以天生之材为废材，人成之物为废物，则更何贵于多也，数百年前，美洲之地犹今日之地，何以今富而昔贫？是贵有商焉为之经营，为之转运也，商之能转运者，有国家为之维持保护也。谋富强者，可不急于保商哉！

夫商务之能兴，又全恃舟车之利便。故西人于水，则轮船无所不通，五洋四海恍若户庭，万国九洲俨同阛阓。辟穷荒之绝岛以立商廛，求上国之名都以为租界，集殊方之货宝（实），聚列国之商氓。此通商之埠所以贸易繁兴、财货山积者，有轮船为之运载也。于陆，则铁道纵横，四通八达，凡轮船所不至，有轮车以济之。其利较轮船为尤溥，以无波涛之险，无礁石之虞。数十年来，泰西各国虽山僻之区亦行铁轨，故其货物能转输利便，运接灵速；遇一方困乏，四境济之，虽有荒旱之灾，而无饥馑之患。故凡有铁路之邦，则全国四通八达，流行无滞；无铁路之国，动辄掣肘，比之瘫痪不仁。地球各邦今已视铁路为命脉矣，岂特便商贾之载运而已哉。今我国家亦恍然于轮船铁路之益矣，故沿海则设招商之轮船，于陆则兴官商之铁路。但轮船只行于沿海大江，虽足与西人颉颃而收我利权，然不多设于支河内港，亦不能畅我货流，便我商运也。铁路先通于关外，而不急于繁富之区，则无以收一时之利。而为后日推广之图，必也先设于繁富之区，如粤港、苏沪、津通等处，路一成而效立见，可以利转输，可以励富户，则继之以推广者，商股必多，而国家亦易为力。试观南洋英属诸埠，其筑路之资大半为华商集股，利之所在，人共趋之。华商何厚于英属而薄于宗邦？是在谋国者有以乘势而利导之而已。此招商兴路之扼要也。

故无关卡之阻难，则商贾愿出于其市；有保商之善法，则殷富亦乐于贸迁；多轮船铁路之载运，则货物之盘费轻。如此，而货有不畅其流者乎？货流既畅，则财源自足矣。筹富国者，当以商务收其效也。不然，徒以聚敛为工，捐纳为计，吾未见其能富也。

夫人能尽其才则百事兴，地能尽其利则民食足，物能尽其用则材力丰，货能畅其流则财源裕。故曰：此四者，富强之大经，治国之大本也。四者既得，然后修我政理，宏我规模，治我军实，保我藩邦，欧洲其能匹哉！

顾我中国仿效西法，于今已三十余年。育人才则有同文、方言各馆，水师、武备诸学堂；裕财源则辟煤金之矿，立纺织制造之局；兴商务则招商轮船、开平铁路，已后先辉映矣。而犹不能与欧洲颉颃者，其故何哉？以不能举此四大纲，而举国并行之也。间尝统筹全局，窃以中国之人民材力，而能步武泰西，参行新法，其时不过二十年，必能驾欧洲而上之，盖谓此也。试观日本一国，与西人通商后于我，仿效西方亦后于我，其维新之政为日几何，而今日成效已大有可观，以能举此四大纲而举国行之，而无一人阻之。夫天下之事，不患不能行，而患无行之之人。方今中国之不振，固患于能行之人少，而尤患于不知之人多。夫能行之人少，尚可借材异国以代为之行；不知之人多，则虽有人能代行，而不知之辈必竭力以阻挠。此昔日国家每举一事，非格于成例，辄阻于群议者。此中国之极大病源也。

窃尝闻之，昔我中堂经营乎海军、铁路也，尝唇为之焦，舌为之敝，苦心劳虑数十余年，然后成此北洋之一军、津关之一路。夫以中堂之勋名功业，任寄股肱，而又和易同众，行之尚如此其艰，其他可知矣。中国有此膏肓之病而不能除，则虽尧舜复生，禹皋佐治，无能为也，更何期其效于二十年哉？此志士之所以灰心，豪杰之所以扼腕，文昔日所以欲捐其学而匿迹于医术者，殆为此也。然而天道循环，无往不复，人事否泰，穷极则通，猛剂遽投，膏肓渐愈。逮乎法衅告平之后，士大夫多喜谈洋务矣，而拘迂自囿之辈亦颇欲驰域外之观，此风气之变革，亦强弱之转机。近年以来，一切新政次第施行，虽所谓四大之纲不能齐举，然而为之以渐，其发轫于斯乎？此文今日之所以望风而兴起也。

窃维我中堂自中兴而后，经略南北洋，孜孜然以培育人才为急务。建学堂，招俊秀，聘西师而督课之，费巨款而不惜。遇有一艺之成，一技之巧，则奖励倍加，如获异宝。诚以治国经邦，人才为急，心至苦而事至盛也。尝以无缘沾雨露之濡，叨桃李之植，深用为憾。顾文之生二十有八年矣，自成童就傅以至于今，未尝离学，虽未能为八股以博科名，工章句以邀时誉，然于圣贤六经之旨，国家治乱之源，生民根本之计，则无时不往复于胸中；于今之所谓西学者概已有所涉猎，而所谓专门之学亦已穷求其一矣。推中堂育才爱士之心，揆国家时势当务之急，如文者亦当在陶冶而收用之列，故不自知其驽下而敢求知于左右者，盖有慨乎大局，蒿目时艰，而不敢以岩穴自居也。所谓乘可为之时，以竭愚夫之千虑，用以仰赞高深，非欲徒撰空言以渎清听，自附于干谒者流，盖欲躬行而实践之，必求泽沛乎万民也。

窃维今日急务，固无逾于此四大端，然而条目工夫不能造次，举措施布各有缓急。虽首在陶冶人才，而举国并兴学校非十年无以致其功，时势之危急恐不能少须。何也？盖今日之中国已大有人满之患矣，其势已岌岌不可终日。上则仕途壅塞，下则游手而嬉，嗷嗷之众，何以安此？明之闯贼，近之发匪，皆乘饥馑之余，因人满之势，遂至溃裂四出，为毒天下。方今伏莽时闻，灾荒频见，完善之地已形觅食之艰，凶禩之区难免流离之祸，是丰年不免于冻馁，而荒岁必至于死亡。由斯而往，其势必至日甚一日，不急挽救，岂能无忧？夫国以民为本，民以食为天，不足食胡以养民？不养民胡以立国？是在先养而后教，此农政之兴尤为今日之急务也。且农为我中国自古之大政，故天子有亲耕之典以劝万民；今欲振兴农务，亦不过广我故规，参行新法而已。民习于所知，虽有更革，必无倾骇，成效一见，争相乐从，虽举国遍行，为力尚易，为时亦速也。且令天下之人皆知新法之益，如此则踵行他政，必无挠格之虞，其益固不止一端也。

窃以我国家自欲行西法以来，惟农政一事未闻仿效，派往外洋肄业学生亦未闻有入农政学堂者，而所聘西儒亦未见有一农学之师，此亦筹富强之一憾事也。文游学之余，兼涉树艺，泰西农学之书间尝观览，于考地质、察物理之法略有所知。每与乡间老农谈论耕植，尝教之选种之理、粪溉之法，多有成效。文乡居香山之东，负山濒海，地多砂碛，土质硗劣，不宜于耕；故乡之人多游贾于四方，通商之后颇称富饶。近年以美洲逐客，檀岛禁工，各口茶商又多亏折，乡间景况大逊前时，觅食农民尤为不易。文思所以广其农利，欲去禾而树桑，迨为考核地质，知其颇不宜于种桑，而甚宜于波毕。近以愤于应人禁烟之议难成，遂劝农人栽鸦片，旧岁于农隙试之，其浆果与印度公土无异，每亩可获利数十金。现已群相仿效，户户欲栽，今冬农隙所种必广。此无碍于农田而有补于漏卮，亦一时权宜之计也。他日盛行，必能尽夺印烟之利，盖其气味较公土为尤佳，迥非川滇各土之可比。去冬所产数斤，凡嗜阿芙蓉之癖者争相购吸，以此决其能夺印烟之利也必矣。印烟之利既夺，英人可不勉而自禁，英人既禁，我可不栽，此时而申禁吸之令，则百年大患可崇朝而灭矣。劝种罂粟，实禁鸦片之权舆也。由栽烟一事观之，则知农民之见利必趋，群相仿效，到处皆然，是则农政之兴，甚易措手。其法先设农师学堂一所，选好学博物之士课之，三年有成，然后派往各省分设学堂，以课农家聪颖子弟。又每省设立农艺博览会一所，与学堂相表里，广集各方之物产，时与老农互相考证。此办法之纲领也，至其详细节目，当另著他编，条分缕晰，可以坐言而起行，所谓非欲徒托空言者此也。

文之先人躬耕数代，文于树艺牧畜诸端，耳濡目染，洞悉奥窔；泰西理法亦颇有心得。至各国土地之所宜，种类之佳劣，非遍历其境，未易周知。文今年拟有法国之行，从游其国之蚕学名家，考究蚕桑新法，医治蚕病，并拟顺道往游环球各邦，观其农事。如中堂有意以兴农政，则文于回华后可再行游历内地、新疆、关外等处，察看情形，何处宜耕，何处宜牧，何处宜蚕，详明利益，尽仿西法，招民开垦，集商举办，此于国计民生大有裨益。所谓欲躬行实践，必求泽之沾沛乎民人者此也，惟深望于我中堂有以玉成其志而已。

伏维我中堂佐治以来，无利不兴，无弊不革，艰巨险阻犹所不辞。如筹海军、铁路之难尚毅然而成之，况于农桑之大政，为生民命脉之所关，且无行之之难，又有行之之人，岂尚有不为者乎？用敢不辞冒昧，侃侃而谈，为生民请命，伏祈采择施行，天下幸甚。

肃此具禀，恭叩钧绥。伏维垂鉴。

文谨禀

兴中会章程

（一八九四年十一月二十四日）

中国积弱，非一日矣！上则因循苟且，粉饰虚张；下则蒙昧无知，鲜能远虑。近之辱国丧师，剪藩压境，堂堂华夏不齿于邻邦，文物冠裳被轻于异族。有志之士，能无抚膺！夫以四百兆苍生之众，数万里土地之饶，固可发奋为雄，无敌于天下。乃以庸奴误国，荼毒苍生，一蹶不兴，如斯之极。方今强邻环列，虎视鹰瞵，久垂涎于中华五金之富、物产之饶。蚕食鲸吞，已效尤于接踵；瓜分豆剖，实堪虑于目前。有心人不禁大声疾呼，亟拯斯民于水火，切扶大厦之将倾。用特集会众以兴中，协贤豪而共济，抒此时艰，奠我中夏。仰诸同志，盍自勉旃！谨订规条，胪列如左：

一、是会之设，专为振兴中华、维持国体起见。盖我中华受外国欺凌，已非一日。皆由内外隔绝，上下之情罔通，国体抑损而不知，子民受制而无告。苦厄日深，为害何极！兹特联络中外华人，创兴是会，以申民志而扶国宗。

一、凡入会之人，每名捐会底银五元。另有义捐以助经费，随人惟力是视，务宜踊跃赴义。

一、本会公举正副主席各一位，正副文案各一位，管库一位，值理八位，差委二位，以专司理会中事务。

一、每逢礼拜四晚，本会集议一次。正副主席必要一位赴会，方能开议。

一、凡会中所收会底各银，必要由管库存贮妥当，或贮银行以备有事调用。惟管库须有殷商二名担保，以昭郑重。

一、凡会中捐助各银，皆为帮助国家之用，在此不得动支，以省浮费。如或会中偶遇别事要用小费者，可由会友集议妥允，然后支给。

一、凡新入会者，须要会友一位引荐担保，方得准他入会。

一、凡会内所议各事，当照舍少从多之例而行，以昭公允。

一、凡以上所订规条，各友须要恪守。倘有善法，亦可随时当众议订加增，以臻完美。

附：盟书

联盟人某省某县人某某，驱除鞑虏，恢复中国，创立合众政府。倘有贰心，神明鉴察。

复犬养毅函

（一八九七年十月十八日）

木堂先生足下：

　　奉读来示，领悉一切，感激与惭愧同深。人生得一知己可以无憾，弟于先生见之矣！谨拟于廿二日午间到贵邸面谈各节。此致，

即候

大安不一

弟文　谨启

十月十八日

东京军事训练班誓词

（一九〇三年秋）

驱除鞑虏，恢复中华，创立民国，平均地权。

《太平天国战史》序

（一九〇四年）

　　朱元璋、洪秀全各起自布衣，提三尺剑，驱逐异胡，即位于南京。朱明不数年，奄有汉家故土，传世数百，而皇祀弗衰；洪朝不十余年，及身而亡。无识者特唱种种谬说，是朱非洪，是盖以成功论豪杰也。

　　胡元亡汉，运不及百年，去古未远，衣冠制度仍用汉官仪。加以当时士君子，半师承赵江汉、刘因诸贤学说，华夷之辩，多能道者。故李思齐等拥兵关陕不出，刘基、徐达、常遇春、胡深诸人皆徒步从明祖，群起亡胡，则大事易举也。

　　满清窃国二百余年，明逸老之流风遗韵，荡然无存。士大夫又久处异族笼络压抑之下，习与相忘，廉耻道丧，莫此为甚。虽以罗、曾、左、郭号称学者，终不明春秋大义，日陷于以汉攻汉之策，太平天国遂底于亡。岂天未厌胡运欤？汉子孙不肖应使然欤？抑当时战略失宜有以致之欤？

　　洪朝亡国距今四十年，一代典章伟绩概付焚如，即洪门子弟亦不详其事实，是可忧也。汉公搜辑东西太平遗书，钞译成册，中土秘本考证者不下数十种，虽当年遗老所见所闻异辞，文献足征大备，史料官书可据者录之，题曰《太平天国战史》，洵洪朝十三年一代信史也。太平一朝，与战相终始，其他文艺官制诸典不能蔚然成帙；又近时官书伪本流行，关于太平战绩，每多隐讳。汉公是编，可谓扬皇汉之武功，举从前秽史一澄清其奸，俾读者识太平朝之所以异于朱明，汉家谋恢复者不可谓无人。洪门诸君子手此一编，亦足征高曾矩矱之遗，当世守其志而勿替也，予亦有光荣焉。

此序。

孙文逸仙拜撰

中国问题的真解决

（一九〇四年八月三十一日）

全世界的注意力现在都集中在远东，这不仅是由于俄国与日本间正在进行着的战争，而且也由于这样的事实，即：中国终究要成为那些争夺亚洲霸权的国家之间的主要斗争场所。欧洲人在非洲的属地——迄今为止，这一直是欧洲列强之间斗争的焦点——现在大体上已经划定了，因而必须寻找一块新的地方，以供增大领土和扩展殖民地；长期以来被认为是"东亚病夫"的中国，自然而然地就成了这样一块用以满足欧洲野心的地方。美国在国际政治中虽然有其传统的孤立政策，但它在这方面绝不会漠不关心，虽则在方式上与其他各国多少有些不同。首先，菲律宾群岛转到美国的控制之下，就使美国成了中国最近的邻邦之一，因之它不可能对中国的情况闭目不理；其次，中国是美国货物的一个巨大市场，如果美国要把它的商业与工业活动扩展到世界其他各地，中国就是它必须注目的第一个国家。由此看来，所谓"远东问题"，对这个国家是具有特殊的重要性的。

这个问题是重要的，同时又不易解决，因为其中牵涉到许多互相冲突的利害关系。已经有很多人认为，此次俄日战争的最后结局，可能使这个问题得到解决。但是，从中国的立场看来，这次战争所引起的纠纷，要多于其所解决的纠纷；假如这次战争果真能解决任何问题的话，充其量它只能决定俄日两国之间的霸权问题。至于英、法、德、美等国的利益怎么样呢？对这些问题，这次战争是绝对无法解决的。

为了使整个问题得到满意的解决，我们必须找出所有这些纠纷的根源。即使对亚洲事务了解得最为肤浅的人，也会深信：这个根源乃在于满清政府的衰弱与腐败，它正是由于自身的衰弱，而有扰乱世界现存政治均衡局面之势。这种说法好像是说笑话，但不是没有根据的，我们只须指出这一次俄日战争，就可以作为一个例证。如果不是由于满清政府完全无力保持其在满洲的势力与主权，那么这次战争是可以避免的。然而这次战争只不过是在中国问题上利害有关各国间势将发生的一系列冲突的开端而已。

我们说满清政府，而不说中国政府，这是有意识地这样说的。中国人现在并没有自己的政府，如果以"中国政府"一名来指中国现在的政府，那么这种称法是错误的。这也许会使那些对中国事务不熟悉的人感到惊异，但这乃是一个事实——是一个历史事实。为了使你们相信这一点，让我们向你们简单地叙述一下满清王朝建立的经过吧。

满洲人在与中国人发生接触以前，本是在黑龙江地区旷野中飘泊无定的游牧部落。他们时常沿着边界侵犯并抢劫和平的中国居民。明朝末叶，中国发生大内战，满洲人利用那个千载难逢的机会，用蛮族入侵罗马帝国的同一种方式，突然袭来，占领了北京。这是一六四四年的事。中国人不甘心受外族的奴役，便向侵略者进行了最顽强的反抗。满洲人为要强迫中国人屈服，便残酷地屠杀了数百万人民，其中有战斗人员与非战斗人员、青年与老人、妇女与儿童，焚烧了他们的住所，劫掠了他们的家室，并迫使他们采用满洲人的服饰。据估计，有数万人因不服从留发辫的命令而被杀戮。几经大规模流血与惨遭虐杀之后，中国人才终于屈服在满清的统治之下。

满洲人所采取的次一个措施，就是把所有涉及他们的对华关系与侵华事实的书籍文献加以焚烧销毁，借以尽其可能地使被征服了的人民愚昧无知。他们又禁止人民结社集会以讨论公共事务。其目的乃是要扑灭中国人的爱国精神，从而使中国人于经过一定时间之后，不再知道自己是处在异族的统治之下。现在，满洲人为数不过五百万，而中国人口则不下四万万，因此，他们经常害怕中国人有一天会奋起并恢复其祖国；为了防范这一点，已经采取了而且还正在采取着许多戒备手段。这一直是满洲人对中国人的政策。

西方人中有一种普遍的误会，误以为中国人本性上是闭关自守的民族，不愿意与外界的人有所往来，只是在武力压迫之下，才在沿海开放了几个对外贸易的口岸。这种误会的主要原因，是由于对中国历史缺乏了解。历史可以提供充分的证据，证明从远古直到清朝的建立，中国人一直与邻国保有密切的关系，对于外国商人与教士，从没有丝毫恶意歧视，西安府的景教碑提供我们一个绝妙的记录，说明早在公元第七世纪外国传教士在当地人民间所进行的传播福音的工作；再者，佛教乃是汉朝皇帝传入中国的，人民以很大的热情欢迎这个新宗教，此后它便日渐繁盛，现在已成为中国三大主要宗教中的一种。不仅教士、而且商人也被许可在帝国内部自由地纵横游历。甚至晚至明朝时，中国人中还没有丝毫排外精神的迹象，当时的大学士徐光启，其本人皈依了天主教，而他的密友、即在北京传教的耶稣会教士利玛窦，曾深得人民的尊敬。

随着满清王朝的建立，政策便逐渐改变：全国禁止对外贸易；驱除传教士；屠杀本国教民；不许中国人向国外移民，违者即予处死。这是什么缘故呢？这只是因为满洲人立意由其管辖范围内将外国人排斥出去，并唆使中国人憎恨外国人，以免中国人因与外国人接触而受其启迪并唤醒自己的民族意识。满洲人所扶育起来的排外精神，终于在一九〇〇年的义和团骚动中达到最高峰。现在大家都知道了，义和团运动的首领不是别人，而正是皇室中的分子。由此就可以看出，中国的闭关自守政策，乃是满洲人自私自利的结果，并不能代表大多数中国人民的意志。在中国游历的外国人常可以看到这样的事实，即：凡受官方影响愈小的人民，比之那些受影响较大的人民，总是对外国人愈为友善。

自义和团战争以来，许多人为满清政府偶而发布的改革诏旨所迷诱，便相信那个政府已开始看到时代的征兆，其本身已开始改革以便使国家进步；他们不知道，那些诏旨只不过是专门用以缓和民众骚动情绪的具文而已。由满洲人来将国家加以改革，那是绝对不可能的，因为改革意味着给他们以损害。实行改革，那他们就会被中国人民所吞没，就会丧失他们现在所享受的各种特权。若把官僚们的愚昧与腐化予以揭露出来，就会看到政府更为黑暗的一面。这些僵化了的、腐朽了的、毫无用处的官僚们，只知道怎样向满洲人谄媚行贿，借以保全其地位去进行敲榨搜刮。下面就是一个非常显著的例证：中国驻华盛顿公使最近发布了一个布告，禁止住在这个国家之内的中国人与反满会党有任何往来，违者即将其在中国本土的家人及远族加以逮捕并处以格杀之重刑。像中国公使梁诚先生这样一个有教养的人所做的这样一种野蛮行为，除了可能认定他是想讨好政府以便保全其公使地位外，不能够有其他解释。想由这样的政府和其官吏厉行改革，会有什么希望呢？

在满清二百六十年的统治之下，我们遭受到无数的虐待，举其主要者如下：

（一）满洲人的行政措施，都是为了他们的私利，并不是为了被统治者的利益。

（二）他们阻碍我们在智力方面和物质方面的发展。

（三）他们把我们作为被征服了的种族来对待，不给我们平等的权利与特权。

（四）他们侵犯我们不可让与的生存权、自由权和财产权。

（五）他们自己从事于、或者纵容官场中的贪污与行贿。

（六）他们压制言论自由。

（七）他们禁止结社自由。

（八）他们不经我们的同意而向我们征收沉重的苛捐杂税。

（九）在审讯被指控为犯罪之人时，他们使用最野蛮的酷刑拷打，逼取口供。

（十）他们不依照适当的法律程序而剥夺我们的各种权利。

（十一）他们不能依责保护其管辖范围内所有居民的生命与财产。

虽然有这样多的痛苦，但我们曾用了一切方法以求与他们和好相安，结果却是徒劳无效。在这种情况之下，我们中国人民为了解除自己的痛苦、为了普遍地奠定远东与世界和平，业已下定决心，采取适当的手段以求达到那些目标，"可用和平手段即用和平手段，必须用强力时即以强力临之"。

全国革命的时机，现已成熟。我们可以看到，一九〇〇年有惠州起义，一九〇二年在广州曾图谋举义，而广西的运动现在犹以日益增大的威力与勇气在进行着。中国的报纸与近来出版的书刊中也都充满着民主思想。再者，还有致公堂（中国的反满会党）的存在，这个国家内一般都称之为中国共济会，其宗旨乃是"反清（满洲）复明（中国）"。这个政治团体已存在了二百多年，有数千万会员散布在整个华南；侨居这个国家之内的中国人中，约有百分之八十都属于这个会党。所有抱着革命思想的中国人，约略可分为三类：第一类人数最多，包括那些因官吏的勒索敲榨而无力谋生的人；第二类为愤于种族偏见而反对满清的人；第三类则为具有崇高思想与高超见识的人。这三种人殊途同归，终将以日益增大的威力与速度，达到预期的结果。由此显然可以看到，满清政府的垮台只是一个时间问题而已。

有人时常提出这样一种在表面上似乎有道理的论调，他们说：中国拥有众多的人口与丰厚的资源，如果它觉醒起来并采用西方方式与思想，就会是对全世界的一个威胁；如果外国帮助中国人民提高和开明起来，则这些国家将由此而自食恶果；对其他各国来说，他们所应遵循的最明智的政策，就是尽其可能地压抑阻碍中国人。一言以蔽之，这种论调的实质就是所谓"黄祸"论。这种论调似乎很动听，然而一加考察，就会发现，不论从任何观点去衡量，它都是站不住脚的。这个问题除了道德的一面，即一国是否应该希望另一国衰亡之外，还有其政治的一面。中国人的本性就是一个勤劳的、和平的、守法的民族，而绝不是好侵略的种族；如果他们确曾进行过战争，那只是为了自卫。只有当中国人被某一外国加以适当训练并被利用来作为满足该国本身野心的工具时，中国人才会成为对世界和平的威胁。如果中国人能够自主，他们即会证明是世界上最爱好和平的民族。再就经济的观点来看，中国的觉醒以及开明的政府之建立，不但对中国人、而且对全世界都有好处。全国即可开放对外贸易，铁路即可修建，天然资源即可开发，人民即可日渐富裕，他们的生活水准即可逐步提高，对外国货物的需求即可加多，而国际商务即可较现在增加百倍。能说这是灾祸吗？国家与国家的关系，正像个人与个人的关系。从经济上看，一个人有一个穷苦愚昧的邻居还能比他有一个富裕聪明的邻居合算吗？由此看来，上述的论调立即破产，我们可以确有把握地说："黄祸"毕竟还可以变成"黄福"。

列强各国对中国有两种互相冲突的政策：一种是主张瓜分中国、开拓殖民地；另一种是拥护中国的完整与独立。对于固守前一种政策的人，我们无需乎去提醒他们那种政策是潜伏着危险与灾难的，俄国在满洲殖民的情况已表明了这一点；对于执行后一种政策的人，我们敢大胆预言：只要现政府存在，他们的目标便不可能实现。满清王朝可以比作一座即将倒塌的房屋，整个结构已从根本上彻底地腐朽了，难道有人只要用几根小柱子斜撑住外墙就能够使那座房屋免于倾倒吗？我们恐怕这种支撑行为的本身反要加速其颠覆。历史表明，在中国，朝代的生命，正像个人的生命一样，有其诞生、长大、成熟、衰老和死亡；当前的满清统治，自十九世纪初叶即已开始衰微，现在则正迅速地走向死亡。因此，我们认为，即使是维护中国的完整与独立的善意与义侠行为，如果像我们所了解的那样是指对目前摇摇欲坠的满清王室的支持，那么注定是要失败的。

显而易见，要想解决这个紧急的问题，消除妨害世界和平的根源，必须以一个新的、开明的、进步的政府来代替旧政府，这样一来，中国不但会自力更生，而且也就能解除其他国家维护中国的独立与完整的麻烦。在中国人民中有许多极有教养的能干人物，他们能够担当起组织新政府的任务；把过时的满清君主政体改变为"中华民国"的计划，经慎重考虑之后，早就制订出来了。广大的人民群众也都甘愿接受新秩序，渴望着情况改善，把他们从现在悲惨的生活境遇中解救出来。中国现今正处在一次伟大的民族运动的前夕，只要星星之火就能在政治上造成燎原之势，将满洲鞑子从我们的国土上驱逐出去。我们的任务确实是巨大的，但并不是无法实现。一九〇〇年义和团战争时，联军只需为数不足两万的军队，就能击溃满清的抵抗，进军北京并夺取北京城；我们以两倍或者三倍于这个数目的人力，毫无疑义地也可以做到这一点，而且我们能够轻而易举地从我们的爱国分子中征募百倍千倍的更多的人。从最近的经验中可清楚地看到，满清军队在任何战场上都不足与我们匹敌，目前爱国分子在广西的起义就是一个明显的例证。他们距海岸非常遥远，武器弹药的供应没有任何来源，他们得到这些物资的惟一方法乃是完全依靠于从敌人方面去俘获；即使如此，他们业已连续进行了三年的战斗，并且一再打败由全国各地调来的官军对他们的屡次征讨。他们既然有出奇的战斗力，那么，如果给以足够的供应，谁还能说他们无法从中国消灭满清的势力呢？一旦我们革新中国的伟大目标得以完成，不但在我们的美丽的国家将会出现新纪元的曙光，整个人类也将得以共享更为光明的前景，普遍和平必将随中国的新生接踵而至，一个从来也梦想不到的宏伟场所，将要向文明世界的社会经济活动而敞开。

拯救中国完完全全是我们自己的责任，但由于这个问题近来已涉及全世界的利害关系，因此，为了确保我们的成功、便利我们的运动、避免不必要的牺牲、防止列强各国的误解与干涉，我们必须普遍地向文明世界的人民、特别是向美国的人民呼吁，要求你们在道义上与物质上给以同情和支援，因为你们是西方文明在日本的开拓者，因为你们是基督教的民族，因为我们要仿照你们的政府而缔造我们的新政府，尤其因为你们是自由与民主的战士。我们希望能在你们中间找到许多的辣斐德。

旅欧中国留学生盟书及联系暗号

（一九〇五年春）

盟　书

具愿书人〇〇〇当天发誓：驱除鞑虏，恢复中华，创立民国，平均地权。矢信矢忠，有始有卒。倘有食言，任众处罚。

天运　年 月 日
某某押　（指印）
主盟人　孙　文

联系暗号

问：君从何处来?　答：从南方来。

问：向何处去?　答：向北方去。

问：贵友为谁?　答：陆皓东、史坚如二人。

中国同盟会盟书及联系暗号

（一九〇五年七月三十日）

盟　书

　　联盟人　省　府　县人〇〇〇，当天发誓：驱除鞑虏，恢复中华，创立民国，平均地权。矢信矢忠，有始有卒。如或渝此，任众处罚。

天运乙巳年七月　日

中国同盟会会员〇〇〇

联系暗号

　　问：何处人？　　答：汉人。

　　问：何物？　　答：中国物。

　　问：何事？　　答：天下事。

在东京中国留学生欢迎大会的演说（节选）

（一九〇五年八月十三日）

　　鄙人往年提倡民族主义，应而和之者特会党耳，至于中流社会以上之人，实为寥寥。乃曾几何时，思想进步，民族主义大有一日千里之势，充布于各种社会之中，殆无不认革命为必要者。虽以鄙人之愚，以其曾从事于民族主义，为诸君所欢迎，此诚足为我国贺也。顾诸君之来日本也，在吸取其文明也，然而日本之文明非其所固有者，前则取之于中国，后则师资于泰西。若中国以其固有之文明，转而用之，突驾日本无可疑也。

　　中国不仅足以突驾日本也。鄙人此次由美而英而德、法，古时所谓文明之中心点如埃及、希腊、罗马等，皆已不可复睹。近日阿利安民族之文明，特发达于数百年前耳。而中国之文明已着于五千年前，此为西人所不及，但中间倾于保守，故让西人独步。然近今十年思想之变迁，有异常之速度。以此速度推之，十年、二十年之后不难举西人之文明而尽有之，即或胜之焉，亦非不可能之事也。盖各国无不由旧而新。英国伦敦先无电车，惟用马车，日本亦然。鄙人去日本未二年耳，再来而迥如隔世，前之马车今已悉改为电车矣。谓数年后之中国，而仍如今日之中国，有是理乎？

中国土地、人口为各国所不及，吾侪生在中国，实为幸福。各国贤豪，欲得如中国之舞台者利用之而不可得。吾侪既据此大舞台，而反谓无所借手，蹉跎岁月，寸功不展，使此绝好山河仍为异族所据，至今无有能光复之，而建一大共和国以表白于世界者，岂非可羞之极者乎？

西人知我不能利用此土地也，乃始狡焉思逞。中国见情事日迫，不胜危惧。然苟我发愤自雄，西人将见好于我不暇，遑敢图我。不思自立，惟以惧人为事，岂计之得者耶？

所以鄙人无他，惟愿诸君将振兴中国之责任，置之于自身之肩上。昔日本维新之初，亦不过数志士为之原动力耳，仅三十余年，而跻于六大强国之一。以吾侪今日为之，独不事半功倍乎？

有谓中国今日无一不在幼稚时代，殊难望其速效。此甚不然。各国发明机器者，皆积数十百年始能成一物，仿而造之者，岁月之功已足。中国之情况，亦犹是耳。

又有谓各国皆由野蛮而专制，由专制而君主立宪，由君主立宪而始共和，次序井然，断难躐等；中国今日亦只可为君主立宪，不能躐等而为共和。此说亦谬，于修筑铁路可以知之矣。铁路之汽车始极粗恶，继渐改良，中国而修铁路也，将用其最初粗恶之汽车乎，抑用其最近改良之汽车乎？于此取譬，是非较然矣。

且夫菲律宾之人，土番也，而能拒西班牙、美利坚二大国，以谋独立而建共和。北美之黑人，前此皆蠢如鹿豕，今皆得为自由民。言中国不可共和，是诬中国人曾菲律宾人、北美黑奴之不若也，乌乎可！

所以吾侪不可谓中国不能共和，如谓不能，是反夫进化之公理也，是不知文明之真价也。且世界立宪亦必以流血得之，方能称为真立宪。同一流血，何不为直截了当之共和，而为此不完不备之立宪乎？语曰："取法于上，仅得其中。"择其中而取法之，是岂智者所为耶？鄙人愿诸君于是等谬想淘汰洁净，从最上之改革着手，则同胞幸甚！中国幸甚！

⋯⋯⋯⋯

《民报》发刊词

（一九〇五年十月二十日）

　　近时杂志之作者亦夥矣。娇词以为美，罟听而无所终，摘埴索涂不获，则反覆其词而自惑。求其斟时弊以立言，如古人所谓对症发药者，已不可见，而况夫孤怀宏识、远瞩将来者乎？夫缮群之道，与群俱进，而择别取舍，惟其最宜。此群之历史既与彼群殊，则所以掖而进之之阶级，不无后先进止之别。由之不贰，此所以为舆论之母也。

　　余维欧美之进化，凡以三大主义：曰民族，曰民权，曰民生。罗马之亡，民族主义兴，而欧洲各国以独立。洎自帝其国，威行专制，在下者不堪其苦，则民权主义起。十八世纪之末，十九世纪之初，专制仆而立宪政体殖焉。世界开化，人智益蒸，物质发舒，百年锐于千载，经济问题继政治问题之后，则民生主义跃跃然动，二十世纪不得不为民生主义之擅场时代也。是三大主义皆基本于民，递嬗变易，而欧美之人种胥冶化焉。其他旋维于小己大群之间而成为故说者，皆此三者之充满发挥而旁及者耳。

　　今者中国以千年专制之毒而不解，异种残之，外邦逼之，民族主义、民权主义殆不可以须臾缓。而民生主义，欧美所虑积重难返者，中国独受病未深，而去之易。是故或于人为既往之陈迹，或于我为方来之大患，要为缮吾群所有事，则不可不并时而弛张之。嗟夫！所陬卑者其所视不远，游五都之市，见美服而求之，忘其身之未称也，又但以当前者为至美。近时志士舌敝唇枯，惟企强中国以比欧美。然而欧美强矣，其民实困，观大同盟罢工与无政府党、社会党之日炽，社会革命其将不远。吾国纵能媲迹于欧美，犹不能免于第二次之革命，而况追逐于人已然之末轨者之终无成耶！夫欧美社会之祸，伏之数十年，及今而后发见之，又不能使之遽去。吾国治民生主义者，发达最先，睹其祸害于未萌，诚可举政治革命、社会革命毕其功于一役。还视欧美，彼且瞠乎后也。

翳我祖国，以最大之民族，聪明强力，超绝等伦，而沉梦不起，万事堕坏；幸为风潮所激，醒其渴睡，旦夕之间，奋发振强，励精不已，则半事倍功，良非夸嫚。惟夫一群之中，有少数最良之心理能策其群而进之，使最宜之治法适应于吾群，吾群之进步适应于世界，此先知先觉之天职，而吾《民报》所为作也。抑非常革新之学说，其理想输灌于人心而化为常识，则其去实行也近。吾于《民报》之出世觇之。

军政府宣言

（一九〇六年秋冬间）

　　天运岁次　年　月　日，中华国民军　军都督　奉军政府命，以军政府之宗旨及条理，布告国民。

　　今者国民军起，立军政府，涤二百六十年之膻腥，复四千年之祖国，谋四万万人之福祉，此不独军政府责无旁贷，凡我国民皆当引为己责者也。维我中国开国以来，以中国人治中国，虽间有异族篡据，我祖我宗常能驱除光复，以贻后人。今汉人倡率义师，殄除胡虏，此为上继先人遗烈，大义所在，凡我汉人当无不晓然。惟前代革命如有明及太平天国，只以驱除光复自任，此外无所转移。我等今日与前代殊，于驱除鞑虏、恢复中华之外，国体民生尚当与民变革，虽纬经万端，要其一贯之精神，则为自由、平等、博爱。故前代为英雄革命，今日为国民革命。所谓国民革命者，一国之人皆有自由、平等、博爱之精神，即皆负革命之责任，军政府特为其枢机而已。自今以往，国民之责任即军政府之责任，军政府之功即国民之功，军政府与国民同心戮力，以尽责任。用特披露腹心，以今日革命之经纶暨将来治国之大本，布告天下：

（一）驱除鞑虏。今之满洲，本塞外东胡。昔在明朝，屡为边患。后乘中国多事，长驱入关，灭我中国，据我政府，迫我汉人为其奴隶，有不从者，杀戮亿万。我汉人为亡国之民者二百六十年于斯。满政府穷凶极恶，今已贯盈。义师所指，覆彼政府，还我主权。其满洲汉军人等，如悔悟来降者，免其罪；敢有抵抗，杀无赦！汉人有为满奴以作汉奸者，亦如之。

（二）恢复中华。中国者，中国人之中国；中国之政治，中国人任之。驱除鞑虏之后，光复我民族的国家。敢有为石敬瑭、吴三桂之所为者，天下共击之！

（三）建立民国。今者由平民革命以建国民政府，凡为国民皆平等以有参政权。大总统由国民公举。议会以国民公举之议员构成之，制定中华民国宪法，人人共守。敢有帝制自为者，天下共击之！

（四）平均地权。文明之福祉，国民平等以享之。当改良社会经济组织，核定天下地价。其现有之地价，仍属原主所有；其革命后社会改良进步之增价，则归于国家，为国民所共享。肇造社会的国家，俾家给人足，四海之内无一夫不获其所。敢有垄断以制国民之生命者，与众弃之！

右四纲，其措施之次序则分三期：第一期为军法之治。义师既起，各地反正，土地人民新脱满洲之羁绊，其临敌者宜同仇敌忾，内辑族人，外御寇仇，军队与人民同受治于军法之下。军队为人民戮力破敌，人民供军队之需要及不妨其安宁。既破敌者及未破敌者，地方行政，军政府总摄之，以次扫除积弊。政治之害，如政府之压制、官吏之贪婪、差役之勒索、刑罚之残酷、抽捐之横暴、辫发之屈辱，与满洲势力同时斩绝。风俗之害，如奴婢之畜养、缠足之残忍、鸦片之流毒、风水之阻害，亦一切禁止。并施教育，修道路，设警察、卫生之制，兴起农工商实业之利源。每一县以三年为限，其未及三年已有成效者，皆解军法，布约法。第二期为约法之治。每一县既解军法之后，军政府以地方自治权归之其地之人民，地方议会议员及地方行政官皆由人民选举。凡军政府对于人民之权利义务，及人民对于军政府之权利义务，悉规定于约法，军政府与地方议会及人民各循守之，有违法者，负其责任。以天下平定后六年为限，始解约法，布宪法。第三期为宪法之治。全国行约法六年后，制定宪法，军政府解兵权、行政权，国民公举大总统及公举议员以组织国会。一国之政事，依于宪法以行之。此三期，第一期为军政府督率国民扫除旧污之时代；第二期为军政府授地方自治权于人民，而自总揽国事之时代；第三期为军政府解除权柄，宪法上国家机关分掌国事之时代。俾我国民循序以进，养成自由平等之资格，中华民国之根本胥于是乎在焉。

以上为纲有四，其序有三，军政府为国戮力，矢信矢忠，终始不渝。尤深信我国民必能踔厉坚忍，共成大业。汉族神灵，久煜耀于四海，比遭邦家多难，困苦百折，今际光复时代，其人人各发扬其精色。我汉人同为轩辕之子孙，国人相视，皆伯叔兄弟诸姑姊妹，一切平等，无有贵贱之差、贫富之别；休戚与共，患难相救，同心同德，以卫国保种自任。战士不爱其命，闾阎不惜其力，则革命可成，民政可立。愿我四万万人共勉之！

在东京《民报》创刊周年庆祝大会的演说

(一九〇六年十二月二日)

诸君：

今天诸君踊跃来此，兄弟想来，不是徒为高兴，定然有一番大用意。今天这会，是祝《民报》的纪元节。《民报》所讲的是中国民族前途的问题，诸君今天到来，一定是人人把中国民族前途的问题横在心上，要趁这会子大家研究的。兄弟想《民报》发刊以来已经一年，所讲的是三大主义：第一是民族主义，第二是民权主义，第三是民生主义。

那民族主义，却不必要什么研究才会晓得的。譬如一个人，见着父母总是认得，决不会把他当做路人，也决不会把路人当做父母；民族主义也是这样，这是从种性发出来，人人都是一样的。满洲入关，到如今已有二百六十多年，我们汉人就是小孩子，见着满人也是认得，总不会把来当做汉人。这就是民族主义的根本。

但是有最要紧一层不可不知：民族主义，并非是遇着不同族的人便要排斥他，是不许那不同族的人来夺我民族的政权。因为我汉人有政权才是有国，假如政权被不同族的人所把持，那就虽是有国，却已经不是我汉人的国了。我们想一想，现在国在哪里？政权在哪里？我们已经成了亡国之民了！地球上人数不过一千几百兆，我们汉人有四百兆，占了四分之一，算得地球上最大的民族，且是地球上最老最文明的民族；到了今天，却成为亡国之民，这不是大可怪的吗？那非洲杜国不过二十多万人，英国去灭他，尚且相争至三年之久；菲律宾岛不过数百万人，美国去灭他，尚且相持数岁；难道我们汉人，就甘心于亡国！想起我汉族亡国时代，我们祖宗是不肯服从满洲的。闭眼想想历史上我们祖宗流血成河、伏尸蔽野的光景，我们祖宗很对得住子孙，所难过的，就是我们做子孙的人。再想想亡国以后满洲政府愚民时代，我们汉人面子上从他，心里还是不愿的，所以有几回的起义。到了今日，我们汉人民族革命的风潮，一日千丈。那满洲人也倡排汉主义，他们的口头话是说他的祖宗有团结力、有武力，故此制服汉人；他们要长保这力量，以便永居人上。他们这几句话本是不错，然而还有一个最大的原因，是汉人无团体。我们汉人有了团体，这力量定比他大几千万倍，民族革命的事不怕不成功。

惟是兄弟曾听见人说，民族革命是要尽灭满洲民族，这话大错。民族革命的原故，是不甘心满洲人灭我们的国，主我们的政，定要扑灭他的政府，光复我们民族的国家。这样看来，我们并不是恨满洲人，是恨害汉人的满洲。假如我们实行革命的时候，那满洲人不来阻害我们，决无寻仇之理。他当初灭汉族的时候，攻城破了，还要大杀十日才肯封刀，这不是人类所为，我们决不如此。惟有他来阻害我们，那就尽力惩治，不能与他并立。照现在看起来，满洲政府要实行排汉主义，谋中央集权，拿宪法做愚民的器具。他的心事，真是一天毒一天。然而他所以死命把持政权的原故，未必不是怕我汉人要剿绝他，故此骑虎难下。所以我们总要把民族革命的目的认得清楚，如果满人始终执迷，仍然要把持政权，制驭汉族，那就汉族一日不死，一日不能坐视的！想来诸君亦同此意。

民族革命的大要如此。

至于民权主义，就是政治革命的根本。将来民族革命实行以后，现在的恶劣政治固然可以一扫而尽，却是还有那恶劣政治的根本，不可不去。中国数千年来都是君主专制政体，这种政体，不是平等自由的国民所堪受的。要去这政体，不是专靠民族革命可以成功。试想明太祖驱除蒙古，恢复中国，民族革命已经做成，他的政治却不过依然同汉、唐、宋相近。故此三百年后，复被外人侵入，这由政体不好的原故，不做政治革命是断断不行的。研究政治革命的工夫，煞费经营。至于着手的时候，却是同民族革命并行。我们推倒满洲政府，从驱除满人那一面说是民族革命，从颠覆君主政体那一面说是政治革命，并不是把来分作两次去做。讲到那政治革命的结果，是建立民主立宪政体。照现在这样的政治论起来，就算汉人为君主，也不能不革命。佛兰西大革命及俄罗斯革命，本没有种族问题，却纯是政治问题；佛兰西民主政治，已经成立，俄罗斯虚无党也终要达这日的。中国革命之后，这种政体最为相宜，这也是人人晓得的。

惟尚有一层最要紧的话，因为凡是革命的人，如果存有一些皇帝思想，就会弄到亡国。因为中国从来当国家做私人的财产，所以凡有草昧英雄崛起，一定彼此相争，争不到手，宁可各据一方，定不相下，往往弄到分裂一二百年，还没有定局。今日中国，正是万国眈眈虎视的时候，如果革命家自己相争，四分五裂，岂不是自亡其国？近来志士都怕外人瓜分中国，兄弟的见解却是两样。外人断不能瓜分我中国，只怕中国人自己瓜分起来，那就不可救了！所以我们定要由平民革命，建国民政府。这不止是我们革命之目的，并且是我们革命的时候所万不可少的。

说到民生主义，因这里头千条万绪，成为一种科学，不是十分研究不得清楚。并且社会问题隐患在将来，不像民族、民权两问题是燃眉之急，所以少人去理会他。虽然如此，人的眼光要看得远。凡是大灾大祸没有发生的时候，要防止他是容易的；到了发生之后，要扑灭他却是极难。社会问题在欧美是积重难返，在中国却还在幼稚时代，但是将来总会发生的。到那时候收拾不来，又要弄成大革命了。革命的事情是万不得已才用，不可频频伤国民的元气。我们实行民族革命、政治革命的时候，须同时想法子改良社会经济组织，防止后来的社会革命，这真是最大的责任。

于今先说民生主义所以要发生的原故。这民生主义，是到十九世纪之下半期才盛行的，以前所以没有盛行民生主义的原因，总由于文明没有发达。文明越发达，社会问题越着紧。这个道理，很觉费解，却可以拿浅近的事情来做譬喻。大凡文明进步，个人用体力的时候少，用天然力的时候多，那电力、汽力比起人的体力要快千倍。举一例来说，古代一人耕田，劳身焦思，所得谷米至多不过供数人之食。近世农学发达，一人所耕，千人食之不尽，因为他不是专用手足，是藉机械的力去帮助人功，自然事半功倍。故此古代重农工，因他的生产刚够人的用度，故他不得不专注重生产。近代却是两样。农工所生产的物品，不愁不足，只愁有余，故此更重商业，要将货物输出别国，好谋利益，这是欧美各国大概一样的。照这样说来，似乎欧美各国应该家给人足，乐享幸福，古代所万不能及的。然而试看各国的现象，与刚才所说正是反比例。统计上，英国财富多于前代不止数千倍，人民的贫穷甚于前代也不止数千倍，并且富者极少，贫者极多。这是人力不能与资本力相抗的缘故。古代农工诸业都是靠人力去做成，现时天然力发达，人力万万不能追及，因此农工诸业都在资本家手里。资本越大，利用天然力越厚，贫民怎能同他相争，自然弄到无立足地了。社会党所以倡民生主义，就是因贫富不均，想要设法挽救；这种人日兴月盛，遂变为一种很繁博的科学。其中流派极多，有主张废资本家归诸国有的，有主张均分于贫民的，有主张归诸公有的，议论纷纷。凡有识见的人，皆知道社会革命，欧美是决不能免的。

这真是前车可鉴，将来中国要到这步田地，才去讲民生主义，已经迟了。这种现象，中国现在虽还没有，但我们虽或者看不见，我们子孙总看得见的。与其将来弄到无可如何，才去想大破坏，不如今日预筹个防止的法子。况且中国今日如果实行民生主义，总较欧美易得许多。因为社会问题是文明进步所致，文明程度不高，那社会问题也就不大。举一例来说，今日中国贫民，还有砍柴割禾去谋生活的，欧美却早已绝迹。因一切谋生利益尽被资本家吸收，贫民虽有力量，却无权利去做，就算得些蝇头微利，也决不能生存。故此社会党常言，文明不利于贫民，不如复古。这也是矫枉过正的话。况且文明进步是自然所致，不能逃避的。文明有善果，也有恶果，须要取那善果，避那恶果。欧美各国，善果被富人享尽，贫民反食恶果，总由少数人把持文明幸福，故成此不平等的世界。我们这回革命，不但要做国民的国家，而且要做社会的国家，这决是欧美所不能及的。

欧美为甚不能解决社会问题？因为没有解决土地问题。大凡文明进步，地价日涨。譬如英国一百年前，人数已有一千余万，本地之粮供给有余；到了今日，人数不过加三倍，粮米已不够二月之用，民食专靠外国之粟。故英国要注重海军，保护海权，防粮运不继。因英国富人把耕地改做牧地，或变猎场，所获较丰，且征收容易，故农业渐废，并非土地不足。贫民无田可耕，都靠做工糊口，工业却全归资本家所握，工厂偶然停歇，贫民立时饥饿。只就伦敦一城算计，每年冬间工人失业的常有六七十万人，全国更可知。英国大地主威斯敏士打公爵有封地在伦敦西偏，后来因扩张伦敦城，把那地统圈进去，他一家的地租占伦敦地租四分之一，富与国家相等。贫富不均竟到这地步，"平等"二字已成口头空话了！

大凡社会现象，总不能全听其自然，好像树木由他自然生长，定然支蔓，社会问题也是如此。中国现在资本家还没有出世，所以几千年地价从来没有加增，这是与各国不同的。但是革命之后，却不能照前一样。比方现在香港、上海地价比内地高至数百倍，因为文明发达，交通便利，故此涨到这样。假如他日全国改良，那地价一定是跟着文明日日涨高的。到那时候，以前值一万银子的地，必涨至数十万、数百万。上海五十年前，黄浦滩边的地本无甚价值，近来竟加至每亩百数十万元，这就是最显明的证据了。就这样看来，将来富者日富，贫者日贫，十年之后，社会问题便一天紧似一天了。这种流弊，想也是人人知道的，不过眼前还没有这现象，所以容易忽略过去。然而眼前忽略，到日后却不可收拾。故此，今日要筹个解决的法子，这是我们同志应该留意的。

闻得有人说，民生主义是要杀四万万人之半，夺富人之田为己有；这是他未知其中道理，随口说去，那不必去管他。解决的法子，社会学者所见不一，兄弟所最信的是定地价的法。比方地主有地价值一千元，可定价为一千，或多至二千；就算那地将来因交通发达，价涨至一万，地主应得二千，已属有益无损；赢利八千，当归国有，这于国计民生，皆有大益。少数富人把持垄断的弊窦自然永绝，这是最简便易行之法。欧美各国地价已涨至极点，就算要定地价，苦于没有标准，故此难行。至于地价未涨的地方，恰好急行此法，所以德国在胶州湾、荷兰在爪哇已有实效。中国内地文明没有进步，地价没有增长，倘若仿行起来，一定容易。兄弟刚才所说社会革命，在外国难，在中国易，就是为此。行了这法之后，文明越进，国家越富，一切财政问题断不至难办。现今苛捐尽数蠲除，物价也渐便宜了，人民也渐富足了。把几千年捐输的弊政永远断绝，漫说中国从前所没有，就欧美日本虽说富强，究竟人民负担租税未免太重。中国行了社会革命之后，私人永远不用纳税，但收地租一项，已成地球上最富的国。这社会的国家，决非他国所能及的。我们做事，要在人前，不要落人后，这社会革命的事业，定为文明各国将来所取法的了。

总之，我们革命的目的，是为众生谋幸福，因不愿少数满洲人专利，故要民族革命；不愿君主一人专利，故要政治革命；不愿少数富人专利，故要社会革命。这三样有一样做不到，也不是我们的本意。达了这三样目的之后，我们中国当成为至完美的国家。

尚有一问题，我们应要研究的，就是将来中华民国的宪法。

"宪法"二字，近时人人乐道，便是满洲政府也晓得派些奴才出洋考察政治，弄些预备立宪的上谕，自惊自扰。那中华民国的宪法，更是要讲求的，不用说了。兄弟历观各国的宪法，有文宪法是美国最好，无文宪法是英国最好。英是不能学的，美是不必学的。英的宪法所谓三权分立，行政权、立法权、裁判权各不相统，这是从六七百年前由渐而生，成了习惯，但界限还没有清楚。后来法国孟德斯鸠将英国制度作为根本，参合自己的理想，成为一家之学。美国宪法又将孟氏学说作为根本，把那三权界限更分得清楚，在一百年前算是最完美的了。一百二十年以来，虽数次修改，那大体仍然是未变的。但是这百余年间，美国文明日日进步，土地财产也是增加不已，当时的宪法现在已经是不适用的了。兄弟的意思，将来中华民国的宪法是要创一种新主义，叫做"五权分立"。

那五权除刚才所说三权之外，尚有两权。一是考选权。平等自由原是国民的权利，但官吏却是国民公仆。美国官吏有由选举得来的，有由委任得来的。从前本无考试的制度，所以无论是选举、是委任，皆有很大的流弊。就选举上说，那些略有口才的人，便去巴结国民，运动选举；那些学问思想高尚的人，反都因讷于口才，没有人去物色他。所以美国代表院中，往往有愚蠢无知的人夹杂在内，那历史实在可笑。就委任上说，凡是委任官都是跟着大统领进退。美国共和党、民主党向来是迭相兴废，遇着换了大统领，由内阁至邮政局长不下六七万人，同时俱换。所以美国政治腐败散漫，是各国所没有的。这样看来，都是考选制度不发达的原故。考选本是中国始创的，可惜那制度不好，却被外国学去，改良之后成了美制。英国首先仿行考选制度，美国也渐取法，大凡下级官吏，必要考试合格，方得委任。自从行了此制，美国政治方有起色。但是他只能用于下级官吏，并且考选之权仍然在行政部之下，虽少有补救，也是不完全的。所以将来中华民国宪法，必要设独立机关，专掌考选权。大小官吏必须考试，定了他的资格，无论那官吏是由选举的抑或由委任的，必须合格之人，方得有效。这法可以除却盲从滥举及任用私人的流弊。中国向来铨选，最重资格，这本是美意，但是在君主专制国中，黜陟人才悉凭君主一人的喜怒，所以更讲资格，也是虚文。至于社会共和的政体，这资格的法子正是合用。因为那官吏不是君主的私人，是国民的公仆，必须十分称职，方可任用。但是这考选权如果属于行政部，那权限未免太广，流弊反多，所以必须成了独立机关才得妥当。

一为纠察权，专管监督弹劾的事。这机关是无论何国皆必有的，其理为人所易晓。但是中华民国宪法，这机关定要独立。中国从古以来，本有御史台主持风宪，然亦不过君主的奴仆，没有中用的道理。就是现在立宪各国，没有不是立法机关兼有监督的权限，那权限虽然有强有弱，总是不能独立，因此生出无数弊病。比方美国纠察权归议院掌握，往往擅用此权，挟制行政机关，使他不得不俯首总命，因此常常成为议院专制；除非有雄才大略的大总统，如林肯、麦坚尼、罗斯威等，才能达行政独立之目的。况且照正理上说，裁判人民的机关已经独立，裁判官吏的机关却仍在别的机关之下，这也是论理上说不去的，故此这机关也要独立。

合上四权，共成为五权分立。这不但是各国制度上所未有，便是学说上也不多见，可谓破天荒的政体。兄弟如今发明这基础，至于那详细的条理，完全的结构，要望大众同志尽力研究，匡所不逮，以成将来中华民国的宪法。这便是民族的国家，国民的国家，社会的国家皆得完全无缺的治理。这是我汉族四万万人最大的幸福了。想诸君必肯担任，共成此举，是兄弟所最希望的。

告世界书

（一九一一年十一月中旬）

......

中国的革命现状，犹如一座长满了干燥树木的猎猎丛林，只需星星之火，就能腾起熊熊烈焰。而这个火星的取得，便要依靠我希望得到的五十万英镑款项。

次而言之，关于革命领袖的财务状况，我敢说他们中间没有人坐拥巨款，虽然有些人曾经有过富足的生活。无论如何，他们每个人都有着很强的能力，可以与当今世上风流人物中的任何一个相比。

谨致以崇高的敬意。

非常忠实于你的，孙逸仙

为上海《民立报》题词

（一九一一年十二月三十一日）

中文题词：

戮力同心。《民立报》同志属书。

孙文

英文题词：

To Minlipao	"合"之一字最足为吾人警惕。赠
"Unity" is our watch word.	《民立报》。
Sun Yat Sen	孙逸仙

辛亥革命前后

1912 - 1914

————————

今以与我国民初相见之日

披布腹心

惟我四万万之同胞共鉴之

中华民国临时大总统誓词

（一九一二年一月一日）

　　倾覆满洲专制政府，巩固中华民国，图谋民生幸福，此国民之公意，文实遵之，以忠于国，为众服务。至专制政府既倒，国内无变乱，民国着力于世界，为列邦公认，斯时文当解临时大总统之职。

　　谨以此誓于国民。

中华民国元年元旦

孙文

中华民国临时大总统宣言书

（一九一二年一月一日）

中华民国缔造之始，而文以不德，膺临时大总统之任，夙夜戒惧，虑无以副国民之望。夫中国专制政治之毒，至二百余年来而滋甚，一旦以国民之力踣而去之，起事不过数旬，光复已十余行省，自有历史以来，成功未有如是之速也。国民以为于内无统一之机关，于外无对待之主体，建设之事更不容缓，于是以组织临时政府之责相属。自推功让能之观念以言，文所不敢任也；自服务尽责之观念以言，则文所不敢辞也。是用黾勉从国民之后，能尽扫专制之流毒，确定共和，以达革命之宗旨，完国民之志愿，端在今日。敢披沥肝胆，为国民告：

国家之本，在于人民。合汉、满、蒙、回、藏诸地为一国，即合汉、满、蒙、回、藏诸族为一人。

是曰民族之统一。

武汉首义，十数行省先后独立。所谓独立，对于清廷为脱离，对于各省为联合。蒙古、西藏，意亦同此。行动既一，决无歧趋，枢机成于中央，斯经纬周于四至。

是曰领土之统一。

血钟一鸣，义旗四起，拥甲带戈之士遍于十余行省。虽编制或不一，号令或不齐，而目的所在则无不同。由共同之目的，以为共同之行动，整齐划一，夫岂其难？

是曰军政之统一。

国家幅员辽阔，各省自有其风气所宜。前此清廷强以中央集权之法行之，遂其伪立宪之术；今者各省联合，互谋自治，此后行政，期于中央政府与各省之关系调剂得宜。大纲既挈，条目自举。

是曰内治之统一。

满清时代，借立宪之名，行敛财之实，杂捐苛细，民不聊生。此后国家经费，取给于民，必期合于理财学理，而尤在改良社会经济组织，使人民知有生之乐。

是曰财政之统一。

以上数者，为政务之方针，持此进行，庶无大过。

若夫革命主义，为吾侪所昌言，万国所同喻，前此虽屡起屡踬，外人无不鉴其用心。八月以来，义旗飙发，诸友邦对之抱和平之望、持中立之态，而报纸及舆论尤每表其同情。邻谊之笃，良足深谢。临时政府成立以后，当尽文明国应尽之义务，以期享文明国应享之权利。满清时代辱国之举措与排外之心理，务一洗而去之。与我友邦益增睦谊，持和平主义，将使中国见重于国际社会，且将使世界渐趋于大同。循序以进，不为幸获。对外方针，实在于是。

夫民国新建，外交内政百绪繁生，文自顾何人，而克胜此？然而临时之政府，革命时代之政府也。十余年来从事于革命者，皆以诚挚纯洁之精神战胜所遇之艰难。即使后此之艰难远逾于前日，而吾人惟保此革命之精神，一往而莫之能阻，必使中华民国之基础确定于大地，然后临时政府之职务始尽，而吾人始可告无罪于国民也。今以与我国民初相见之日，披布腹心，惟我四万万之同胞共鉴之。

大中华民国元年元旦

在镇江与欢迎者的谈话

（一九一二年一月一日）

此次光复，均赖诸君之力，本总统敬为四万万同胞致谢。

问：内阁何时可成?

云：日内即可发表。

又问：何时宣告万国?

答云：万国已承认，宣告亦数日间事耳。

在南京参议院解职辞

（一九一二年四月一日）

　　本总统自中华民国正月初一日，至南京受职，今日四月初一日，至贵院宣布解职。自正月初一日至四月初一日，为期适三月。在此三月中，均为中华民国草创之时代。当中华民国未成立以前，纯然为革命时代。

　　中国为何而发起革命？盖吾辈革命党之用心，以连合中国四万万人，推倒恶劣政府，造成国利民福为宗旨。自革命初起，南北界限尚未化除，不得已而有用兵之事。三月以来，南北统一，战事告终，造成完全无缺之中华民国，此皆中国国民及全国军人之力所致。在本总统受职之初，亦不料有此种之好结果，亦不料以极短之时期，而能建立如此之大事业。

　　今日中华民国，南北统一，五族一家，本总统已在一个月前，提辞职书于参议院，当时因统一政府未成，故辞职之后，仍由本总统代理。现在国务员已均由国务总理唐君发表，政府已宣告成立，本总统自当辞职，今日特莅贵院宣布。但趁此时间，本总统尚有数语宣告，以供贵参议员之听闻。

中华民国成立之后，凡中华民国之国民，均有国民之天职。何谓天职？即是促进世界的和平。此促进世界的和平，即是中华民国前途之目的。依此种目的而进行，即是巩固中华民国之基础。又凡政治、法律、风俗、民智种种之事业，均须改良进步，始能与世界各国竞争。凡此种种之改良进步，均是中华民国国民之责任。人人能尽责任，人人能尽义务，凡四万万人无不如此，则中华民国之进步必速。中国人民居地球四分之一，则凡有四人之地，即有一中国人民。况交通既便，世界大同，已有中外一家之势。中华民国国民，均须知现今世界之文明程度。当民国初立时，人民颇有不知民国为何义，文明进步为何义，凡吾辈先知先觉之人，即须用从前革命时代之真挚心，努力进行，而后中华民国之基础始固，世界之文明始有进步。况中国人民本甚和平。现在世界上立国百有数十，雄强相处，难保不有战争发生，惟中国数千年来，即知和平为世界之真理。人人均抱有此种思想，故数千年来之中国，纯向和平以进行。中华民国有此民意数，有此民习，何难登世界舞台之上与各国交际。以希望世界之和平，即是中华民国国民之天职。本总统与全国国民同此心理。用心研究，将人民之知识习俗，以及一切事业，切实进行，力谋善果，即为吾中华民国国民之本分。

本总统解职之后，即为中华民国之一国民。政府不过一极小之机关，其力量不过国民极小之一部分。其大部分之力量，则全在吾中华民国之国民。本总统今日解职，并非功成身退，实欲以中华民国国民之地位，与各国民之力量，与四万万人协力造成中华民国之巩固基础，以冀世界之和平。望贵院各位参议员与将来政府，勉励人民，同尽天职，使中华民国从今而后，得享文明之进行，使世界舞台从今而后得享和平之幸福。

在南京同盟会员饯别会的演说（"中国的下一步"）

（一九一二年四月一日）

诸君：

　　今日同盟会会员开饯别会，得一最好机会，大家相见，诚一幸事。今日中华民国成立，兄弟解临时总统之职，解职不是不办事，解职以后尚有比政治要紧的事待着手的。自二百七十年前中国亡于满洲，国中图光复之举不知凡几，各处会党遍布，皆是欲实行民族主义的。五十年前太平天国即纯为民族革命的代表，但只是民族革命，革命后仍不免为专制，此等革命不算成功。八九年前，少数同志在日本发起同盟会，定三大主义：一、民族主义；二、民权主义；三、民生主义。今日满清退位，中华民国成立，民族、民权两主义俱达到，惟有民生主义尚未着手，今后吾人所当致力的即在此事。社会革命为全球所提倡，中国多数人尚未曾见到。即今日许多人以为改造中国，不过想将中国弄成一个极强大的国，与欧美诸国并驾齐驱罢了。其实不然。今日最富强的莫过英、美，最文明的莫过法国，英是君主立宪，法、美皆民主共和，政体已是极美的了，然国中贫富阶级相隔太远，仍不免有许多社会党要想革命。

盖未经社会革命一层，人民不能全数安乐，享幸福的只有少数资本家，受苦痛尚有多数工人，自然不能相安无事。中国民族、民权两层已达，唯民生未做到，即本会中人亦有说："种族革命、政治革命皆甚易，惟社会革命最难。因为种族革命只要将异族除去便了，政治革命只要将机关改良便了，惟有社会革命必须人民有最高程度才能实行。中国虽然将民族、民权两革命成了功，社会革命只好留以有待。"这句话又不然。英美诸国因文明已进步，工商已发达，故社会革命难；中国文明未进步，工商未发达，故社会革命易。英美诸国资本家已出，障碍物已多，排而去之，故难；中国资本家未出，障碍物未生，因而行之，故易。然行之之法如何，今试设一问：社会革命尚须用武力乎？兄弟敢断然答曰：英美诸国社会革命或须用武力，而中国社会革命则不必用武力。所以，刚才说英美诸国社会革命难，中国社会革命易，亦是为此。中国原是个穷国，自经此次革命，更成民穷财尽，中人之家已不可得的，如外国之资本家更是没有，所以行社会革命是不觉痛楚的。但因此时害犹未见，便将社会革命搁置，又不可的。譬如一人医病，与其医于已发，不如防于未然。吾人眼光不可不放远大一点，当看至数十年、数百年以后，及于世界各国方可。如以为中国资本家未出，便不理会社会革命，及至人民程度高时，贫富阶级已成，然后图之，失之晚矣！英美各国因从前未尝着意此处，近来正在吃这个苦，去冬英国煤矿罢工一事就是证据。然罢工的事，不得说是革命，不过一种暴动罢了，因英国人欲行社会革命而不能，不得已而出于暴动。然社会革命今日虽然难行，将来总要实行，不过实行之时，用何等激烈手段，呈何等危险现象，则难于预言。吾人当此民族、民权革命成功之时，若不思患预防，将来资本家出现，其压制手段恐怕比专制君主还要甚些，那时再杀人流血去争，岂不重罹其祸么！

本会从前主义，有平均地权一层，若能将平均地权做到，则社会革命已成七八分了。推行平均地权之法，当将此主义普及全国，方可无碍。但有一事，此时尤当注意者：现在旧政府已去，新政府已成，民政尚未开办，开办之时必得各地主契约换过，此实历代鼎革时应有之事。主张社会革命，则可于换契时少加变改，已足收效无穷。从前人民所有土地照面积纳税，分上中下三等，以后应改一法，照价收税，因地之不同不止三等。以南京土地较上海黄浦滩土地，其价相去不知几何，但分三等，必不能得其平。不如照价征税，贵地收税多，贱地收税少。贵地必在繁盛之处，其地多为富人所有，多取之而不为虐；贱地必在穷乡僻壤，多为贫人所有，故非轻取不可。三等之分，则无此等差别。譬如黄浦滩一亩纳税数元，乡中农民有一亩地亦纳税数元，此最不平等也。若照地价完税，则无此病。以后工商发达，土地腾贵，势所必至。上海今日之地价，与百年前相较，至少亦贵至万倍。中国五十年后，应造成数十上海。上年在英京，见一地不过略为繁盛，而其价每亩约值六百万元。中国后来亦不免到此地步，此等重利皆为地主所得。比如在乡间有田十亩，用人耕作，不过足养一人；如发达后，可值六千万，则成一大富翁。此家资从何得来？则大抵为铁道及他业发达所坐致，而非由己力之作成。数十年之后，有田地者皆得坐享此优先莫大之权，据地以收人民之税，就是地权不平均的说话了。求平均之法，有主张土地国有的，但由国家收买全国土地，恐无此等力量。最善者，莫如完地价税一法。如地价一百元时完一元之税者，至一千万元时则当完十万元，此在富人视之，仍不为重。此种地价税法，英国现已行之，经解散议会数次，始得通过；而英属地如澳洲等处，则早已通行，因其法甚美，又无他力为之阻碍故也。然只此一条件，不过使富人多纳数元租税而已，必须有第二条件——国家在地契之中应批明国家当需地时，随时可照地契之价收买，方能无弊。如人民料国家将买此地，故高其价，然使国家竟不买之，年年须纳最高之税，则已负累不堪，必不敢；即欲故低其价以求少税，则又恐国家从而买收，亦必不敢。所以有此两法互相表里，则不必定价而价自定矣。在国家一方面言之，无论收税、买地，皆有大益之事。中国近来患贫极了，补救之法，不但收地税，尚当收印契税。从前广东印契税，每百两取九两；今宜令全国一律改换地契，定一平价，每百两取三两至五两，逾年不换新契者，按年而递加之，则人民无敢故延。加以此后地价日昂，国家收入益多，尚何贫之足患？地为生产之原素，平均地权后，社会主义即易行，如国家欲修一铁路，人民不能抬价，则收买土地自易。于是将论资本问题矣。

国家欲兴大实业，而苦无资本，则不能不借外债。借外债以兴实业，实内外所同赞成的。前日闻唐少川先生言京奉铁路借债本可早还，因英人不欲收，故移此款以修京张，此可见投资实业是外人所希望的。至中国一言及外债，便畏之如酖毒，不知外债以营不生产之事则有害，借外债以营生产之事则有利。美国之发达，南美阿金滩、日本等国之勃兴，皆得外债之力。吾国借债修路之利，如京奉以三年收入，已可还筑路之全本，此后每年所进，皆为纯利；如不借债，即无此项进款。美国铁道收入，岁可得七万万美金，其他附属之利尚可养数百万工人，输送各处土货。如不早日开办，迟一年即少数万万收入。西人所谓"时间即金钱"，吾国人不知顾惜，殊为可叹！昔张之洞议筑芦汉铁道，不特畏借外债，且畏购用外国材料。设立汉阳铁厂原是想自造铁轨的，孰知汉阳铁厂屡经失败，又贴了许多钱，终归盛宣怀手里，铁路又造不成功。迟了二十余年，仍由比国造成，一切材料仍是在外国买的。即使汉阳铁厂成功，已迟二十余年，所失不知几何。中国知金钱而不知时间，顾小失大，大都如是。中国各处生产未发达，民人无工可作，即如广东一省，每年约有三十万"猪仔"输出，为人作牛马；若能输入外资，大兴工作，则华人不用出外佣工，而国中生产又不知几倍。余旧岁经加拿大，见中国人在煤矿用机器采挖，每人日可挖十余吨，人得工资七八元，而资本家所入，至少犹可得百数十元。中国内地煤矿工人，每日所挖不足一吨，其生产力甚少，若用机器，至少可加十数倍。生产加十数倍，即财富亦加十数倍，岂不成一最富之国？能开发其生产力则富，不能开发其生产力则贫。从前为清政府所制，欲开发而不能，今日共和告成，措施自由，产业勃兴，盖可预卜。然不可不防一种流弊，则资本家将乘此以出是也。

如有一工厂，佣工数百人，人可生二百元之利，而工资所得不过五元，养家糊口犹恐不足，以此不平，遂激为罢工之事——此生产增加所不可免之阶级。故一面图国家富强，一面当防资本家垄断之流弊。此防弊之政策，无外社会主义。本会政纲中，所以采用国家社会主义政策，亦即此事。现今德国即用此等政策，国家一切大实业如铁路、电气、水道等事务，皆归国有，不使一私人独享其利。英美初未用此政策，弊害今已大见。美国现时欲收铁路为国有，但其收入过巨，买收则无此财力，已成根深不拔之势。唯德国后起，故能思患预防，全国铁道皆为国有。中国当取法于德，能令铁道延长至二十万里，则岁当可收入十万万，只此一款，已足为全国之公用而有余。尚有一层，为中国优于他国之处。英国土地，多为贵族所有；美国已垦之地，大抵归人民，惟未垦者尚未尽属私有；中国除田土房地之外，一切矿产山林多为国有。英国矿租甚昂，每年所得甚巨，皆入于地主之手；中国矿山属官，何不可租与人民开采以求利？使中国行国家社会政策，则地税一项，可为现之收入数十倍；至铁道收入，三十年后归国家收回，准美国约得十四万万；矿山租款，约十万万。即此三项，共为国家收入，则岁用必大有余裕。此时政府所患，已不在贫。国家岁用不足，是可忧的；收入有余，而无所用之，亦是可虑的。此时预筹开消之法，则莫妙于用作教育费。法定男子五六岁入小学堂，以后由国家教之养之，至二十岁为止，视为中国国民之一种权利。学校之中备各种学问，务令学成以后可独立为一国民，可有参政、自由、平等诸权。二十以后，自食其力，幸者为望人、为富翁，可不须他人之照顾。设有不幸者半途蹉跎，则五十以后，由国家给与养老金。此制英国亦已行之，人约年给七八百元，中国则可给数千元。如生子多，凡无力养之者，亦可由国家资养。此时家给人乐，中国之文明不止与欧美并驾齐驱而已！凡此所云，将来有必达此期望之日，而其事则在思患预防，采用国家社会政策，使社会不受经济阶级压迫之痛苦，而随自然必至之趋势，以为适宜之进步。所谓国利民福，莫不逾此，吾愿与我国民共参之。

在湖北军政界代表欢迎会的演说

(一九一二年四月十日)

　　此次革命乃国民的革命，乃为国民多数造幸福。凡事以人民为重，军人与官吏不过为国家一种机关，为全国人民办事。自光复以来，共和与自由之声甚嚣尘上，实则其中误解甚多。盖共和与自由，专为人民说法，万非为少数之军人与官吏说法。倘军人与官吏借口于共和与自由，破坏纪律，则国家机关万不能统一。机关不统一，则执事者无专责，势如一盘散沙，又何能为国民办事？是故所贵夫机关者，全在服从纪律。如机械然，百轮相错，一丝不乱，而机械之行动乃臻圆满。此在有形之机关为然，在无形之机关亦何莫不然？盖在政治机关，百执事按级供职，必纪律严明，然后能收身使臂、臂使指之效；必收此效，然后可以保全人民、领土，与列强相竞争。

　　由斯而谈，闻者或以为与平日所信之共和与自由主义大相冲突，其实不然。仆前言之矣，共和与自由全为人民全体而讲，至于官吏，则不过为国民公仆，受人民供应，又安能自由？盖人民终岁勤动，以谋其生；而官吏则为人民所养，不必谋生。是人民实共出其所有之一部，供养少数人，代彼办事。于是在办事期内，此少数人者当停止其自由，为民尽职，以答人民之供奉。是人民之供奉，实不啻为购取少数人自由之代价。倘此少数人而欲自由，非退为人民不可。自由之范围本宽，而在勤务期间则甚狭。仆为总统时，殊不能自由。今日来鄂，与诸君相见，实以国民的资格，而非以总统的资格。故仆今日所享之自由，最为完全，其所以完全者，以为国民的自由也。

仆此次解职，外间颇谓仆功成身退，此实不然，身退之，功成则未也。仆之解职有两原因：一在速享国民的自由；一在尽瘁社会上事业。吾国种族革命、政治革命俱已成功，惟社会革命尚未着手，故社会事业在今日非常紧要。今试即〔以〕中国四万万人析之，居政界者多不过五万人，居军界者多不过百万人，余者皆普通人民。是着眼于人数，已觉社会事业万万不能缓办。未统一以前，政事、军事皆极重要；而统一以后，则重心又移在社会问题。前者乃牺牲自由之事，后者乃扩张自由之事，二者并行而不悖。仆此次解职，即愿为一人民事业之发起人。盖吾人为自由民，而自由民之事业甚多。且吾国困顿于专制政体之下，人格之丧失已久，从而规复之，需力绝巨，为时亦必多。仆不敏，请担任之。

同时有一语奉告诸君，即诸君如欲得完全自由，非退为人民不可；当未退为人民，而在职为军人或官吏时，则非牺牲自由、绝对服从纪律万万不可。在尽力革命诸君，必且发问曰："吾辈以血泪购得之自由，军人胡乃不得享受之？"须知军人之数少，人民之数多，吾辈服从之时短，为普通人民之时长，朝作总统，夕可解职，朝为军长，夕可归田，完全自由，吾辈自可随时享之。故人民之自由，即不啻军人之自由，此语最须牢记。惟在服务期间，则不可与普通人民一律，此其异点耳。

在武昌十三团体联合欢迎会的演说

（一九一二年四月十日）

　　近来团体之多，至不可数，此可征民智之发达矣，而仆深恐其不能抱一目的，为一致之进行。夫民族思想，根于天性，故十余年来各团体群趋于革命，一言排满，举州同声，乃遂有今日。满洲专制政府倒矣，以中国史例征之，大可以本族专制政府代之；而乃不然，帝王思想不谋而绝迹于天下，意见虽偶有参差，而无不同向于共和。是种族革命与政治革命两种，皆以一致之目的行之。今社会革命着手伊始，仆以是希望各团体，复以其一致之精神，从事斯业。

　　今之反对社会革命者，谓："中国之当急者乃政治问题，至社会问题则相去尚远。盖吾国生活程度低，资本家未尝发见。欧美现象与吾相反，社会主义且忧其扞格不入，奚言吾国？"为此言者，真浅见之徒，不足与言治也。诸君须知，欧美改良政治之时，其见解亦胡不同于吾人。当其时，社会之流弊未生，彼以为政治良、百事皆良，遂不注意于社会事业；及至社会事业败坏，至于今日之欧美，则欲收拾之，而转无从。诸君只知欧美今日社会上补苴罅漏之

071

政策，为应于社会问题而起，而不悟倘欧美早百年注意社会问题，而今日补苴罅陋之政策可不发生。甚矣，其疏陋也！当美利坚离英自立，岂不于政治上踌躇满志，乃未及百年而社会之苦痛以生，国利民福，以此牺牲者多；倘起百年前美洲政家询之，彼必自叹其失策。今吾国之革命，乃为国利民福革命。拥护国利民福者，实社会主义。故欲巩固国利民福，不可不注重社会问题。夫美洲之不自由，更甚于专制国。盖专制皇帝且口不离爱民，虽专横无艺，犹不敢公然以压抑平民为职志。若资本家则不然。资本家者，以压抑平民为本分者也，对于人民之痛苦，全然不负责任者也。一言以蔽之：资本家者，无良心者也。

迩来欧美工人对于资本家之无良，常为同盟罢工之事；然总无效。盖工人皆贫，无持久之宿粮，工人求增值，资本家故靳之，逾两三月，工人以不能耐饿，不得不以原值俯就羁勒。至用货者，有时亦复同为资本家所阨。盖用货嫌价昂，相率不购，而储货者可转运他国，或居奇久囤以团用者，使终不得不就而购之。世间颇误认同盟罢工为社会主义，而实非也。罢工一事，乃无法行其社会主义而始用之，以发表其痛苦，非即社会主义也。

……

在上海南京路同盟会机关的演说

（一九一二年四月十六日）

同盟会之成立，于今十数年矣。昔吾辈同志开会讨论，惟于海外能之，今日竟能于内地设置机关，且能自由言论，呜呼盛哉！虽然，今日革命虽告成功，共和虽已成立，不过达吾人一部分之目的，决非已遂私心者也。愿诸君以推倒满洲政府之精神，聚而求以后之进步，使吾人向持之三民主义实行无遗，夫然后为吾人目的到达之日，而对于政纲所负之义务庶几无憾矣。

三民主义者，同盟会唯一之政纲也，曰民族主义，曰民权主义，曰民生主义。今满洲政府已去，共和国体已成，民族、民权之二大纲已达目的，今后吾人之所急宜进行者，即民生主义是。夫民族、民权之二主义，在稍有人心者，举莫不赞同之；即有坚持君主国体之说者，然理由薄弱，稍一辩论，即归消灭。而独近日吾人提倡民生主义，居然有起而反对者，其言曰："社会主义之实际，在欧美文明国中尚不能行，而况于中国乎？且今日外国之资本家，以金钱之势力垄断我国财政，苟吾国不极力提倡资本家，图实业之发展，以资本之势力抵制外人，则当今经济竞争之世界中，无中国人立足地矣。"听其言似亦有理,然彼辈之所以为此说者,盖未知民生主义为何物,故盲然为无谓之反对耳。夫吾人之所以持民生主义者,非反对资本,反对资本家耳;反对少数人占经济之势力,垄断社会之富源耳。试以铁道论之,苟全国之铁道皆在一二资本家之手,则其力可以垄断交通,而制旅客、货商、铁道工人等之死命矣。土地若归少数富者之所有,则可以地价及所有权之故,而妨害公共之建设,平民将永无立锥地矣。苟土地及大经营皆归国有,则其所得,仍可为人民之公有。盖国家之设施,利益所及,仍为国民福利,非如少数人之垄断,徒增长私人之经济,而贫民之苦日甚也。虽然,国有之策,满清政府以之亡国,吾人所反对者也。然则向之反对铁道国有者,岂与本政纲抵触者乎?是不然。满清政府者,君主专制之政府,非国民公意之政府也,故满政府之所谓国有,其害实较少数资本家为尤甚。故本会政纲之次序,必民权主义实施,而后民生主义可以进行者此也。论者又曰:"凡事必有等级,今资本家之等级尚未经过,曹然言民生主义,人民知识、社会组织皆无此程度也。"呜呼!果如所言,则共和之先,必经君主立宪之一阶级,而今之共和又何以能成厥功乎?此更不待辩而自明者也。

要之,本会之民族主义,为对于外人维持吾国民之独立;民权主义,为排斥少数人垄断政治之弊害;民生主义,则抵抗少数资本家,使人民共享生产上之自由。故民生主义者,即国家社会主义也。前二者,吾同志既已洒几许热血而获今日之成功,则今后更宜极其心思,尽其能力,以达最后之目的。此则予之所深望于同志诸君者也。

二次革命

1914 - 1924

———————

我们做这个第一件事

很要得一个很好的结果

要得一个很好的结果

就要大家去奋斗

大家能够奋斗

就可以成大功

中华革命军大元帅檄

（一九一四年秋）

　　袁贼苦吾国民久矣！世界自有共和国以来，殆未有此万恶政府危亡祸乱至于此极者也。

　　清之末造，贼实媚之，以杀吾国人。及其亡而拥兵徼利，至乃要窃总统以和。军府不忍战争之绵延，以为贼本汉族，人情必思宗国，而总统复非帝王万世之比，俯与迁就，冀其自新；亦以民国初立，旧污未殄，首行揖让，风示天下，树之楷模。孰意贼性凶顽，谲诈成习，背誓乱常，妄希非分，假中央集权之名，行奸雄窃国之实。骄兵悍将，骚扰于闾阎；宵小金壬，比周于左右。甚乃贿收报馆，赂遗议员，清议销沉，监督溺职，而嗾杀元勋、滥借外债之祸作矣。

　　赣、宁酿变，皖、沪、闽、粤、湘、蜀继之。义师败，贼焰愈张，自是以还，几于不国。贼兵所至，焚掠为墟，幼女贞孀，供其淫媒。犹复恣意株连，籍没罔恤，偶涉嫌疑，遽膏锋刃。人民丧其乐生之心，而贼于此时方论功行赏，以庆太平，盖自以为帝业之成，而天下莫予毒矣。卒以非法攘攫正式总统，而祭天祀孔，议及冕旒，司马之心，路人皆见。又其甚者：改毁约法，解除国会，停罢自治，裁并司法，生杀由己，予夺唯私；侦谍密布于交衢，盗匪纵横于邑都；头会箕敛，欲壑靡穷，朋坐族诛，淫刑以逞；矿产鬻而国财空，民党戮而元气尽。

军府艰难缔造之共和，以是坏灭无余，而贼恶盈矣！殉国烈士饮恨于九原，首义勋贤投荒于海外，而觊国者遂以为自由幸福非吾中华国民所应享，此真天下之大耻奇辱也。而吾国民亦偷生视息，莫之敢指。驯此以往，亡国灭种，匪伊异人，国交之危，其见端耳。袁贼妄称天威神武之日，即吾民降作奴隶牛马之时，此仁人志士所为仰天椎心，虽肝胆涂疆场、膏血润原野而不辞也。

军府痛宗国之陆沉，愤独夫之肆虐，爰率义旅，誓殄元凶，再奠新邦，期与吾国民更始。中原豪俊，望旆来归；草泽英贤，闻风斯起。诸袁将吏士卒反正及降者，不次擢赏，勿有所问。若其弃顺效逆，执迷不复，大兵既至，诛罚必申，虽欲悔之，晚无及也！

布告天下，成使闻知。檄到如律令。

孙文（印）

中华民国　年　月　日

致黄兴函

（一九一五年三月）

前由英士沥陈近况，迟迟未得还云，甚怅甚怅！

文关怀祖国，见于政府之专制、政治之不良，清夜自思，每用痛心！癸丑之役，文主之最力，所以失败者，非袁氏兵力之强，实同党人心之涣。犹忆钝初死后之五日，英士、觉生等在公寓所讨论国事及钝初刺死之由。公谓民国已经成立，法律非无效力，对此问题宜持以冷静态度，而待正当之解决。时天仇在侧，力持不可。公非难之至再，以为南方武力不足恃，苟或发难，必致大局糜烂。文当时颇以公言为不然，公不之听。及其后也，烈武、协和等相继被黜，静山观望于八闽，组安反覆于三湘，介人复盘据两浙，而分南方之势，以掣我肘。文不胜一朝之忿，乃饬英士奋起沪滨，更檄章梓倡议金陵。文于此时本拟亲统六师，观兵建康，公忽投袂而起，以为文不善戎伍，措置稍乖，遗祸匪浅。文雅不欲于兵戈扰攘之秋，启兄弟同室之阋，乃退而任公。公去几日，冯、张之兵联翩南下。夫以金陵帝王之都，龙蟠虎踞，苟得效死以守，则大江以北，决不致闻风瓦解，而英士、铁生亦岂至一蹶不振？乃公以饷细之故，贸然一走，三军无主，卒以失败。尧卿、海鸣难为善后，而如火如荼之民气，于是歼灭无遗。推原其故，文之非欤？公之咎欤？固不待智者而后知之矣。

东渡以来，日夕共谋，非欲雪癸丑之耻，实欲竟辛亥之功。而公又与英士等互相龃龉，溥泉、海鸣复从而煽之，公不维始终之义，遂作中道之弃。离日以后，深虞失援，英士明达，复以函问，而公又置不与复。是公不复以同志为念耶？

二十年间，文与公奔走海外，流离播迁，同气之应，匪伊朝夕。癸丑之不利，非战之罪也。且世之所谓英雄者，不以挫抑而灰心，不以失败而退怯。广州、萍醴几经危难，以公未尝一变厥志者，岂必至今日而反退缩不前乎？中国当此外患侵逼、内政紊乱之秋，正我辈奋戈饮弹、碎肉喋血之时。公革命之健者，正宜同心一致，乘机以起。若公以徘徊为知机，以观望为识时，以缓进为稳健，以万全为商榷，则文虽至愚，不知其可。临纸神驰，祈公即日言旋，慎勿以文为孟浪而菲薄之，斯则革命前途之幸云。

与宋庆龄婚姻誓约书

（一九一五年十月二十五日）

此次孙文与宋庆琳之间缔结婚约，并订立以下诸誓约：

一、尽速办理符合中国法律的正式婚姻手续。

二、将来永远保持夫妇关系，共同努力增进相互间之幸福。

三、万一发生违反本誓约之行为，即使受到法律上、社会上的任何制裁，亦不得有任何异议；而且为了保持各自之名声，即使任何一方之亲属采取何等措施，亦不得有任何怨言。

上述诸条誓约，均系在见证人和田瑞面前各自的誓言，誓约之履行亦系和田瑞从中之协助督促。

本誓约书制成三份：誓约者各持一份，另一份存于见证人手中。

誓约人 孙 文（章）

立约人 宋庆琳

见证人 和田瑞

千九百十五年十月二十六日

附：宋庆龄致孙婉信

亲爱的格蕾丝：

　　承你告知将有香港之行。若你能给我买一个兰克劳馥德公司 chafing 盘子，给你父亲买一副小山羊皮手套，我将十分感谢。我不确切知道你父亲的手套尺码，大概是7号。这里是个图样。

　　多谢你。

R. C. Sun

讨袁宣言

（一九一六年五月九日）

　　文自癸丑讨逆之师失败以还，不获亲承我父老昆弟之教诲者，于今三年矣。奸人窃柄，国论混淆，文于是时亦殊不乐以空言与国人相见。今海内喁喁有望治声矣，文虽不敏，固尝为父老昆弟所属役，复自颠沛不忘祖国者，则请继今一二为国人谈也。

　　文持三民主义廿有余年，先后与国人号呼奔走，期以达厥志。辛亥武昌首义，举国应之，五族共和，遂深注于四亿同胞之心目。文适被举为一时公仆，军书旁午，万端草创，文所靖献于国民者，固甚恨不能罄其悃忱。然国号改建，纪元维新，且本之真正民意以颁布我民国约法，其基础不可谓不已大定。故清帝退位，南北统一，文乃辞职，介举袁氏于参议院。盖信其能服从大多数之民心，听义师之要求，以赞共和，则必能效忠民国，践履约法，而昭守其信誓也。当南北两方情志未孚时，文尝任调和，躬至北京，并有"愿袁氏十年为总统"之宣言。何期袁氏逆谋终不自掩，残杀善良，弁髦法律，坏社会之道德，夺人民之生计。文故主兴讨贼之师，所以维国法而伸正义，成败利钝所不计也。袁氏既挟金钱势力，肆用诈术，而逆迹未彰，国人鲜悟，以致五省挠败，而袁氏之恶乃益逞矣。

文虽蛰居海外，而忧国之志未尝少衰。以为袁氏若存，国将不保；吾人既主讨贼，而一蹶不振，非只暴弃，其于谋国亦至不忠。故亟图积极进行之计，辄与诸同志谋之。顾败丧之余，群思持重，缓进之说，十人而五。还视国中，则犹有信赖袁氏而策其后效者；有以为其锋不可犯，势惟与之委蛇而徐图补救者；有但幸目前之和平，而不欲有决裂之举者。文以为此皆有所执持，而其心理上之弱点，则袁氏皆得而利用之，以逞其欲，此文期期所不敢认以为适道者也。袁氏果于是时解散国会，公然破毁我神圣庄严之约法，诸民权制度随以俱尽。文谓袁氏已有推翻民国、及身为帝之谋，而莫之敢信；而亏节堕行、为伥为侦之败类，且稍稍出矣。文于是痛心疾首，决以一身奋斗报我国家，乃遂组织中华革命党，为最严格之约束，将尽扫政治上、社会上之恶毒瑕秽，而后复纳之约宪之治。两年以来，已集合多数之同志。其入内地经营进行者，皆屡仆屡起，不惮举其个人之自由权利、生命财产而牺牲之，以冀奠我区夏。孤行其自信力，而不敢求知于人人，犹之辛亥以前之中国同盟会也。欧战既起，袁氏以为有隙可乘，不惜暴其逆谋，托始于筹安会，伪造民意，强迫劝进。一人称帝，天下骚然，志士仁人汗喘相告，而吾同志益愈奋励，冒死以进。滇、黔独立，文意豁然。至乃昔所不知，今皆竞义，德邻之乐，讵复可已。频年主持，益审非谬。

顾独居深念，以为袁氏怙恶，不俟其帝制之昭揭；保持民国，不徒以去袁为毕事。讨贼美举，尤当视其职志之究竟为何，其所表示尊重者为何，其策诸方来与建设根本者为何，而后乃有牺牲代价之可言，民国前途，始有攸赖。今独立诸省通电，皆已揭橥民国约法以为前提，而海内有志后援、研求国是者，亦皆以约法为衡量。文殊庆幸此尊重约法之表示，足证义军之举，为出于保卫民国之诚。袁氏破坏民国，自破坏约法始；义军维持民国，固当自维持约法始。是非顺逆，区以别矣。夫约法者，民国开创时国民真意之所发表，而实赖前此优秀之士，出无量代价以购得之者也。文与袁氏无私人之怨，违反约法，则愿与国民共弃之；与独立诸省及反袁诸君子无私人之惠，尊重约法，则愿与国民共助之。我国民亦既一致自爱其宝，而不为独夫民贼之所左右，则除恶务尽，对于袁氏必无有所姑息。以袁氏之诈力绝人，犹不能不与帝制同尽，则天下当不复有袭用其故智之人。

至袁氏今日势已穷蹙，而犹徘徊观望，不肯自归于失败，此固由其素性贪利怙权，至死不悟。然见乎倡议者之有派别可寻，窃疑党争未弭，觊觎其猜忌自纷，而不能用全力以讨贼。殊不知阋墙御侮，浅人审其重轻，而况昔之政争，已成陈迹。今主义既合，目的不殊，本其爱国之精神，相提携于事实，见仇者虽欲有所快，无能幸也。今日为众谋救国之日，决非群雄逐鹿之时，故除以武力取彼凶残外，凡百可本之约法以为解决。共和之原，甚非野心妄人所得假借者也。文始意以为既已负完全破坏之责，故同时当负完全建设之责。今兹异情，则张皇补苴，收拾时局，当世固多贤者。苟其人依约法被举，而不由暴力诈术以攫取之，则固与国民所共承者也。民国元首，只有服务负责之可言，而非有安富尊荣之可慕，国民当共喻斯义。文之所持，凡皆以祈向真正之和平，故虽尝以身当天下之冲而不自惜也。

　　文自束发受书，知忧国家，抱持民族、民权、民生三大主义，终始不替；所与游者，亦类为守死善道之士。民国成立，五族共和，方幸其目的之达。乃袁氏推翻民国，以一姓之尊而奴视五族，此所以认为公敌，义不反兵〔顾〕。今是非已大白于天下之人心，自宜猛厉进行，无遗一日纵敌之患，国贼既去，民国始可图安。若夫今后敷设之方，则当其事者所宜一切根据正确之民意，乃克有济。文自审立身行事，早为天下共见，末俗争夺权利之念，殆不待戒而已除。惟忠于所信之主义，则初不为生死祸福而少有屈挠。袁氏未去，当与国民共任讨贼之事；袁氏既去，当与国民共荷监督之责，决不肯使谋危民国者复生于国内。唯父老昆弟察之！

孙文学说——行易知难（心理建设）自序

（一九一八年十二月三十日）

　　文奔走国事三十余年，毕生学力尽萃于斯，精诚无间，百折不回，满清之威力所不能屈，穷途之困苦所不能挠。吾志所向，一往无前，愈挫愈奋，再接再励，用能鼓动风潮，造成时势。卒赖全国人心之倾向，仁人志士之赞襄，乃得推覆专制，创建共和。本可从此继进，实行革命党所抱持之三民主义、五权宪法，与夫《革命方略》所规定之种种建设宏模，则必能乘时一跃而登中国于富强之域，跻斯民于安乐之天也。不图革命初成，党人即起异议，谓予所主张者理想太高，不适中国之用；众口铄金，一时风靡，同志之士亦悉惑焉。是以予为民国总统时之主张，反不若为革命领袖时之有效而见之施行矣。此革命之建设所以无成，而破坏之后国事更因之以日非也。夫去一满洲之专制，转生出无数强盗之专制，其为毒之烈，较前尤甚。于是而民愈不聊生矣！溯夫吾党革命之初心，本以救国救种为志，欲出斯民于水火之中，而登之衽席之上也。今乃反令之陷水益深，蹈火益热，与革命初衷大相违背者，此固予之德薄无以化格同俦，予之能鲜不足驾驭群众，有以致之也。然而吾党之士，于革命宗旨、革命方略亦难免有信仰不笃、奉行不力之咎也，而其所以然者，非尽关乎功成利达而移心，实多以思想错误而懈志也。

此思想之错误为何？即"知之非艰，行之惟艰"之说也。此说始于傅说对武丁之言，由是数千年来深中于中国之人心，已成牢不可破矣。故予之建设计划，一一皆为此说所打消也。呜呼！此说者予生平之最大敌也，其威力当万倍于满清。夫满清之威力，不过只能杀吾人之身耳，而不能夺吾人之志。乃此敌之威力，则不惟能夺吾人之志，且足以迷亿兆人之心也。是故当满清之世，予之主张革命也，犹能日起有功，进行不已；惟自民国成立之日，则予之主张建设，反致半筹莫展，一败涂地。吾三十年来精诚无间之心几为之冰消瓦解，百折不回之志几为之槁木死灰者，此也。可畏哉此敌！可恨哉此敌！兵法有云："攻心为上。"是吾党之建国计划，即受此心中之打击者也。

夫国者人之积也，人者心之器也，而国事者一人群心理之现象也。是故政治之隆污，系乎人心之振靡。吾心信其可行，则移山填海之难，终有成功之日；吾心信其不可行，则反掌折枝之易，亦无收效之期也。心之为用大矣哉！夫心也者，万事之本源也。满清之颠覆者，此心成之也；民国之建设者，此心败之也。夫革命党之心理，于成功之始，则被"知之非艰，行之惟艰"之说所奴，而视吾策为空言，遂放弃建设之责任。如是则以后之建设责任，非革命党所得而专也。迨夫民国成立之后，则建设之责任当为国民所共负矣，然七年以来，犹未睹建设事业之进行，而国事则日形纠纷，人民则日增痛苦。午夜思维，不胜痛心疾首！夫民国之建设事业，实不容一刻视为缓图者也。

国民！国民！究成何心？不能乎？不行乎？不知乎？吾知其非不能也，不行也；亦非不行也，不知也。倘能知之，则建设事业亦不过如反掌折枝耳。回顾当年，予所耳提面命而传授于革命党员，而被河汉为理想空言者，至今观之，适为世界潮流之需要，而亦当为民国建设之资材也。乃拟笔之于书，名曰《建国方略》，以为国民所取法焉。然尚有踌躇审顾者，则恐今日国人社会心理，犹是七年前之党人社会心理也，依然有此"知之非艰，行之惟艰"之大敌横梗于其中，则其以吾之计划为理想空言而见拒也，亦若是而已矣。故先作学说，以破此心理之大敌，而出国人之思想于迷津，庶几吾之建国方略，或不致再被国人视为理想空谈也。夫如是，乃能万众一心，急起直追，以我五千年文明优秀之民族，应世界之潮流，而建设一政治最修明、人民最安乐之国家，为民所有、为民所治、为民所享者也。则其成功，必较革命之破坏事业为尤速、尤易也。

时民国七年十二月三十日　孙文自序于上海

改造中国之第一步

（一九一九年十月八日）

今天承青年会干事的预约，得与诸君相见，是很愉快的事。"改造中国之第一步"这个题目，是主人所定，事前没同兄弟商量，所以只能就题发挥了。

十月十号是中华民国国庆的纪念日，青年会提前两日庆祝，兄弟得身与盛会。但今日亦可认为国庆节，因武昌搜获党人名册、穷捕党人、拘杀三烈士的一日，正是八年前的今日。十月十日的成功，全靠有八日的牺牲。如满清当日不竭力压迫，革命爆发或不能如此之速。革命成功已经八年，何以到今日还有"改造中国"的名词？因当时已推倒了满清的政府，其他关于建设上种种绝对没有着手，所以今日还不能不讨论改造中国的方法。

为什么要改造呢？因现在中国政治非常腐败。至于改造方法应从何处着手，有人说，教育是立国的要素。但我们若致力于教育事业，一般官吏非特不能提倡，且必来设法摧残。假使我们培养一个青年，费巨额金钱，俾受一种完全教育，官吏有时竟因嫉视新人物的心理，置诸死地。

又有人说，兴办实业，救多数人生计的困厄。奈官吏非特不能提倡奖励，且对于较大之公司或开矿事业等，必先得多数贿金，才许给照开办。辛亥以后，多数华侨热心回国经营实业，因官吏索贿过重，致中途灰心。从这点看，从实业上改造起，也是没有希望的。

又有人说，立国根本在人民先有自治能力，所以地方自治为最重要之一事，现应从一乡一区推而至于一县一省一国，国家才有希望。但现在官僚，何尝愿意人民有自治的能力？大家只须看各地方自治经费统被他们挥霍尽净，致自治不能举办。

以上三种，固是改造中国的要件，但还不能认为第一步的方法。第一步的方法是什么？在兄弟的意思，只有革命。革命两字，有许多人听了，觉得可怕的。但革命的意思，与改造是完全一样的。先有了一种建设的计划，然后去做破坏的事，这就是革命的意义。譬如我们要建筑一新屋，须先将旧有的结构拆卸干净，并且锹地底，打起地基，才能建筑坚固的屋宇。不这样办去，便是古代的建筑方法，不适用于今日。八年以来的中华民国，政治不良到这个地位，实因单破坏地面，没有掘起地底陈土的缘故。地底的陈土是什么？便是前清遗毒的官僚。

中国国家腐败到这点，是不是革命的罪恶？不是的。革命破坏满清政府以后，一般人民每訾谓只有破坏的能力，没有建设的经验，所以一般议论都希望官僚执政。如袁世凯时代，几乎大家说非袁不可。革命党自审中华民国主权属于国民全体，既舆论说非袁不可，只好相率下野，将政权交与官僚。八年来造成官僚与武人政治的原因，就在这一点。

现在国内的政治，比较满清的政治进步也没有？依兄弟看来，满清的政治犹稍愈于今日，一般人民在满清政府下，比今日尚觉自由。如现政府的滥捕滥杀良民，在满清政治专制时代还没有发见。如现武人官僚的贪婪，亦较满清时代为甚。兄弟记得清代某粤督于一年内搜刮得一百多万，人已诧为奇事；由今日看来，像督军、师长等有一年发财到数百万的，有数年发财到千余万的，方见贪婪的风气比前清倍蓰了。我们因满清政治不良，所以要革命；但革命的结果，所呈的现象比满清尤坏。这个原因，不是革命党的罪，是前清遗毒——武人与官僚的罪。

我们既经要改造中国，须造成一灿烂庄严的中华民国。像工程师建筑伟大房屋一般，须用新的方法去建筑。新方法的建筑，便是上层越高，打地基须越深，所挖出的陈土须远远搬开。这陈土便是旧官僚。

满清时的武人，是受文官节制的，就是一个提督，他也不敢侵犯州县官的职权。如武官有不法行为，满清亦能照律严办。试问现在的北京政府，有这样的魄力么？依兄弟看来，要免一个师长、旅长的职还不敢呢！所以要改造中国，武人便是陈土的一种。

前清时代的土豪，包揽词讼，鱼肉乡里，还不敢公然出头。现在的政客，居然白昼现形，挑拨武人，扰乱国政。武人所有种种的不法行为，都由政客养成。因武人的脑筋是很简单，作恶的方法还不能设想周到。试看北张南陆，他们本来是个草包，经政客教唆，才发明种种捣乱方法。所以政客便也是陈土的一种。

照这样看，要建筑灿烂庄严的民国，须先搬去这三种的陈土，才能立起坚固的基础来。这便是改造中国的第一步。兄弟很希望到会诸君，大家要怀抱这精神去改造新中华民国。

救国之急务

（一九一九年十月十八日）

今夜蒙招请到此演讲"救国之急务"。夫以民国成立已过八年之今日，何故尚须讲求方法以救之乎？则以中国今兹，正濒于最危之一步，所遇艰险实前此所未尝有。内忧现已当前，外患同时俱至。在内则有南北交争，在外则有强邻危我国脉。故万不能不采一有力之方法以救吾国也。

吾人欲救民国，所可采者惟有两途：其一则为维持原状，即恢复合法国会，以维持真正永久之和平也；其二则重新开始革命事业，以求根本改革也。

今先论维持原状。诸君知数月之前，以五国警告之故，上海既开和会矣，实际两代表间已将一切问题决定，惟有如何处置国会一层悬而未决。北方代表表示北方永不能允恢复国会，而促南方代表表示其对于此问题之态度；南方代表则答以此为孙逸仙之条件，故北方务必与孙氏直接磋商此问题。于是北方代表吴鼎昌君来见予，且言彼确知北廷意将拒绝我所要求，问予可否另出他种办法。当时予应彼所求，提出三项：

第一、军阀既已毁坏约法，夺去人民所握之主权，则务须以此权还诸建立此约法之革命党人之手；

第二、如军阀以为此主权本为以强力夺诸清室者，故不欲以还革命党人，则彼等尽可效法张勋，复以此权贡之清室，再演清帝复辟之事；

第三、若军阀意犹不欲，则亦可效袁世凯所为，僭称帝号，永握此权。

当时予问吴君："北方敢行此三事乎？"吴毅然对曰："否。"予曰："然则惟有恢复国会一途而已。"吴乃摇头告别。从此和会不复有声响，以至于王揖唐君之任命。今日诸君万众一心，以反对王揖唐之为北方总代表矣，而予实有所未解。人谓王揖唐既为吾人公敌，故吾人不欲其来与吾人会商，此其为论亦太轶常轨矣。以常理言，世间岂有与现为吾亲友之人言和之理，吾人尚须议和者，非敌人而谁？

王揖唐之来上海以前，彼尝使人来谒，问予对彼出为议和之人态度如何。予答其人曰："王若允我恢复国会之条件，吾当尽力为之助成其事。"及王离北京以后，南方全体起而反对，彼乃决留南京以避风潮；既而又遣人问予以进止。予答以王如真为决定国会问题而来，则可立来见我，我当以我一身负与彼完成和议之全责。王当来沪见予，予与彼就于国会问题作坦白之长谈。王言彼已准备允诺新旧国会合同制定永久宪法。予曰："此非我之条件也，我之条件为恢复合法国会。"王答言："此乃无异彼方之无条件降伏，北方诸督军将强硬反对，而段祺瑞、徐树铮所永不允诺者也。"王氏既以诚求平和妥协而来，复问予有无他种办法。予复举前所告于吴者以告之，且言如此各种办法均不能受，则附从我着手于革命事业，为彼最善之途，亦即最后之途。王氏乃言彼将熟虑而后答我。

四万万同胞乎！救吾民国，惟有两途：一则维持吾在南京三月为民国所经营之诸制度；一则从头再举革命之全事业而已。今者诸君须自决定其所愿欲，苟有所欲，必得成就。诸君或者自疑以为无力，但诸君须知，在中华民国约法上，诸君为此地上之主人，君等苟知所以用其力者，决不患力之不足。试观今次学生运动，不过因被激而兴，而于此甚短之期间收绝伦之巨果，可知结合者即强也。如使诸君实时以正当方法结合，要求在国会政治之下回复诸君自己之权，吾敢断言诸君之必成功也。前此主张国会必须恢复者，仅吾及吾党少数人耳。以此当大多数之反对，独力支持，二年于兹矣。若诸君于此举足轻重之际，来助我主张，吾信北京政府从此不能更拒绝吾人也。如此，则真正最后之和平，可得而致。予所谓维持原状者，即指此也。

如曰此非所可得致，则救国之业仅能出他一途，即重行革命是也。或者曰："革命何为？吾人于革命尚未厌乎？"夫一班人以为革命党人只知破坏，不知建设，此大误也。就吾党观之，只见其急于建设，不能待破坏之完成，所以无用旧物尚多留置，未经破坏；吾人虽革去满洲皇统，而尚留陈腐之官僚统系未予扫除，此真吾辈破坏之道未工之过也。吾人所已破坏者一专制政治，而今有三专制政治起而代之，又加恶焉。于是官僚、军阀、阴谋政客揽有民国之最高权矣。吾四万万同胞乎！诸君固民国之主人也。涣号天下，驱除此丑类者，匪异人任，诸君其已有驱逐之决心乎？

诸君或亦有言吾辈未尝有所藉手，则辛亥前事，去今不远。诸君当数日前，不尝为民国八周年之庆祝乎？当时武昌炮工营同志，知逮捕将及，冒死起义，熊秉坤君首先发难，遂破满族钳罗。熊君告予：当是时，义军惟从退伍之一军官得子弹二盒，其他新军被嫌疑者之子弹则已悉缴去矣。尔时革命党人物资缺乏，岂今兹可比，然而诸君得年年为此双十节之庆祝，固知藉手不在多也。

今日南方为护法而战之真正爱国陆军，有十五师。此爱国军队，不受彼营私之督军及高级长官命令，惟待人民之指挥。所以当吾发起此次护法战争、声讨北方叛贼之时，南方军阀力阻吾谋。吾之为护法事业也，托根广州，而广东督军即忠事北方，群贼闻吾计划，彼立反对；然而以军心向义，彼卒无如我何也。及护法战争有利，南方军阀始群来参与；而又提议牺牲旧国会，以求遂分赃之愿。北方所以敢于坚拒恢复国会之主张者，正以其深知南方军阀随时可以欣然同意于叛去国会之计划耳。

四万万同胞乎！如欲采第二步，则须早定之矣。吾人在南方至少有爱国军队十五师，专候国民之指挥；即在北方亦至少有五师之众，专候诸君之指挥。诸君何必以无力遂行诸君之志愿为忧哉！

今者二十一条款暨他密约，已为北方篡窃之徒所允，危难即在目前。诸君亦既要求废约矣。但试问：此等军阀已完全为要求此卖国条约之势力所支配，如何尚能废约？就使约为彼所能废，抑且以诸君之要求，彼亦不敢不废。而诸君已将自己固有之权抛弃，反以缔约废约之权力付与北方篡窃之人，此其失计，诸君尚未之知耶！前门拒虎，后门进狼，未见其益，先受其害矣。诸君当知缔约、废约之权，本属国会，故以全权还之国会，即诸君之所求，无不可得。如使国会不能恢复以从事其本来之职分，则惟有重新革命，以尽去此篡窃之人，同时荡涤一切旧官僚腐败之系统，而此条约亦当然否认矣。吾信诸君必能见及如何而始可救国。

国民乎！君等民国之主人也。君等以命令授吾人所当行，予敢确言君等之最上要求，必可得如愿以偿也。

关于五四运动（节选）

（一九二〇年一月二十九日）

……

自北京大学学生发生五四运动以来，一般爱国青年，无不以革新思想为将来革新事业之预备。于是蓬蓬勃勃，发抒言论。国内各界舆论，一致同倡。各种新出版物，为热心青年所举办者，纷纷应时而出。扬葩吐艳，各极其致，社会遂蒙绝大之影响。虽以顽劣之伪政府，犹且不敢撄其锋。此种新文化运动，在我国今日，诚思想界空前之大变动。推原其始，不过由于出版界之一二觉悟者从事提倡，遂至舆论放大异彩，学潮弥漫全国，人皆激发天良，誓死为爱国之运动。倘能继长增高，其将来收效之伟大且久远者，可无疑也。吾党欲收革命之成功，必有赖于思想之变化，兵法"攻心"，语曰"革心"，皆此之故。故此种新文化运动，实为最有价值之事。

在广东旅桂同乡会欢迎会的演说

（一九二二年一月四日）

今日同乡诸君在此开欢迎会，恰值新年一月四日。但我国内有两种新年，再过二十几日又有一阴历新年。我国甚崇尚阴历新年，对于阳历新年反淡然漠视焉。须知阴历新年与阳历新年有分别，其分别安在？即新旧之分别也。

民国十一年来，人民尚崇尚旧新年、不注重新新年者，是尚未能脱离旧观念，未能脱离旧思想者也。国家进化由野蛮而进于文明，人类亦然，由无知识而进于有知识，脱离旧观念，发生新观念，脱离旧思想，发生新思想。诸君今日当打破旧观念、旧思想，发生新观念、新思想。新新年为民国的新年，为共和国家的新年；旧新年为君主时代的新年，为专制国家的新年。专制与共和大有不同，有如为商焉：为商者，有东家生意、自己生意。民国如公司，国民如股东，官吏如公司之办事者，故总统、官吏皆国民之公仆也。国民如股东享有权利的，非若专制国家奉一人为君主，人民为奴隶，而毫无权利所享也。国人对于新新年不甚注重，对于旧新年反注重之，是有权利而不知享，是尚未知自身已成主人翁者。

国人因缺乏新思想，放弃权利，国中政权遂为一般强盗官僚乘时而操纵之。民国十年来所以如此大乱，其原因亦即在是。国中既大乱，人人感受痛苦，遂生一种思旧之心，以为满清时代尚优于民国时代也。此种反感有一故事可为比例：在昔美国因释放黑奴，而成南北战争，战争结果，黑奴得释放。但黑奴虽被释放，因无独立生活，一旦失其依附，反觉异常困苦，尚不若为奴时代之安乐也。故林肯在当时反为人反对，今日黑种人方知林肯为圣人。所以大凡新旧交替，必有一种变更。如发财，人所愿也，添丁，人亦所愿也，添丁虽为人所愿，须知生产时必经痛苦危险。从此可知人欲享安乐，必须由困苦艰难而来。且民国成立之时，北方官僚亦赞成共和，如袁世凯者即首先赞成共和之人也。谁知彼等之赞成纯系假意，阳奉阴违，以致酝酿国中之大乱。

吾人今日当铲锄此假意赞成共和者，实行真共和，必造成如法如美之共和国家。然美国在前数十年前，土地荒芜，极力改良，开矿山，兴工艺，遂成今日之富强。桂林地方物产丰富，山水幽秀，所谓"桂林山水甲天下"者也。今即以山石而论，山石可以为塞门德土，真可谓随地皆宝。假使工艺发达，交通便利，其利岂可胜言？至于四川云贵之煤油，产额亦丰，北方各省所产尤伙，外人咸称我国为煤田，如能尽行开采，其利又岂可胜计？我国因工艺不发达，商业不振兴，所用货物多仰给外国，是以每年出口之货多生货，进口之货多熟货，以致利权外溢。

法、美共和国皆旧式的，今日惟俄国为新式的。吾人今日当造成一最新式的共和国。新式者何？即化国为家是也。人人当去其自

100

私自利之心，同心协力，共同缔造。国家者，载民之舟也，舟行大海中，猝遇风涛，当同心互助，以谋共济。故吾人今日由旧国家变为新国家，当铲锄旧思想，发达新思想。新思想者何？即公共心。

吾人今日欲改造新国家，当实行三民主义。何谓三民主义？即民族、民权、民生之主义是也。民族主义，即世界人类各族平等，一种族绝不能为他种族所压制。如满人入主中夏，垂二百六十余年，我汉族趋而推翻之，是即民族革命主义也。民权主义，即人人平等，同为一族，绝不能以少数人压制多数人。人人有天赋之人权，不能以君主而奴隶臣民也。民生主义，即贫富均等，不能以富者压制贫者是也。但民生主义在前数十年，已有人行之者。其人为何？即洪秀全是。洪秀全建设太平天国，所行制度，当时所谓工人为国家管理，货物为国家所有，即完全经济革命主义，亦即俄国之今日均产主义。

今日同乡诸君开会欢迎本大总统，本大总统深望诸君不仅为欢迎本大总统一人，并欢迎本大总统之主义，是则本大总统之厚望也。

宣传造成群力（节选）

（一九二三年十二月三十日）

…………

中国现在是最贫弱的国家。像葡萄牙那样小的国，尚且派兵船来示威。连葡萄牙那样小的国，我们还要怕他。讲到我们从前的时候，本来是很富强的，像唐朝，各国都派人来留学，万国来朝。日本从前是很贫弱的，也受过了像我们白鹅潭一样的大耻辱，到了近来才富强。所以能够富强的原因，是由于维新。如果我们立志要国家富强，方法是有的；就是方法一时想不通，只要百折不回，一往向前去做，总是可以做得成的。像飞机，不是一次做成了便可以飞的，是经过了好几次的改良，才完全成功。不过首先要立一个志愿，照那个志愿去做，总是不改，将来的结果一定是有希望的。

…………

中国之现状及国民党改组问题

（一九二四年一月二十日）

　　现在的问题，是国民党改组问题。我们自办同盟会以来，有很大的力量表现出来，就是把满洲政府推倒。但推倒之后，官僚之流毒日益加甚，破坏虽成功，建设上却一点没有尽力。这十三年来，政治上、社会上种种黑暗腐败比前清更甚，人民困苦日甚一日。故多数反革命派即以此为口实而攻击革命党，谓只有破坏能力，而无建设能力。此种话我们革命党虽不肯承认，然事实上确是如此。这都是因为我们破坏后没有机会来建设，我们秉政时的南京政府只得三个月。到了北京政府的时候，政权都归于反革命党手内，此后革命党在政治上就没有建设的机会。不仅如此，且至于逃亡海外，在自己领土之内不能立足。自民国成立后，政权皆操之反革命派手内，故虽革命党对于政治上、社会上做了种种的破坏，而苦于无机会以建设。故从各方面看来，中国自革命后并无进步，反为退步。但此并非革命党之初心，今人民皆以此归咎于革命党，我党亦不能不受。在满洲未倒、革命未成功以前，革命党之奋斗，重在宣传其主义于全国之人民，故人民均急希望革命之能成功，视革命二字为神圣；成功后不能如其所期，顿使失望。此种事实，谁负其责？革命党不能不负其责。人民以各种痛苦归咎于我们，我们实难辞其责，要皆由于所用方法不对。

　　今回想革命未成功以前，党人牺牲性命，为国效力，艰难冒险，努力奋斗，故能成功。武昌起义，全国响应，民国以成。而反对革命之人，均变为赞成革命之人。此辈之数目，多于革命党何啻数十倍，故其力量大于革命党。乃此辈反革命派——即旧官僚——一方参加革命党，一方反破坏革命党，故把革命事业弄坏，实因我们方法不善。若有办法有团体来防范之，用对待满清之方法对待之，则反革命派当无所施其伎俩。俄国有个革命同志曾对我言，谓中国反革命派之聪明本事，俄国反革命派实望尘莫及。俄之反革命派之为官僚与知识阶级，当革命党发难时，均相率逃诸外国，故俄国革命党能成功。而中国的反革命派聪明绝顶，不仅不逃避，反来加入，卒至破坏革命事业。而革命党人流离转徙，几至消灭，到了今日，只西南数省为一片干净土，余均为反革命派所得。由此观之，革命党有力量推倒满清，使反对者投于革命党之旗帜下，然何以革命不能成功？皆由于方法未善之过，使反革命派能乘隙以入，施其破坏而不觉，虽至失败，尚不知其所以失败的缘由。若当时有办法，有团体，先事防范，继续努力奋斗下去，建设起来，则只需三年之时期，其效果已颇有可观，决不至如今日之一无成绩。中国革命六年后，俄国才有革命。俄国革命党不仅把世界最大威权之帝国主义推翻，且进而解决世界经济政治诸问题。这种革命，真是彻底的成功，皆因其方法良好之故。方才俄国朋友对我所说的话，乃是旁观者清，当局的人尚设想不到。但俄之反革命派，并非真正不如中国反革命派之聪明厉害，且百倍过之；特俄国之革命党之聪明厉害，又百倍过于彼辈耳。中国之革命党经验不多，遂令反对派得尽其技，没有俄国那种好方法以防范反革命派，使其不能从中破坏。故俄国虽迟我六年革命而已成功，我虽早六年革命而仍失败。

此次改组，就是从今天起，重新做过。古人有言："以前种种譬如昨日死，以后种种譬如今日生。"由今日起，将十三年前种种可宝贵最难得的教训和经验来办以后的事，以前有种种力量来创设民国，以后便有种种力量改造政府。由今天起，按照办法条理，合全国而为一，群策群力，努力而行，则将来成功必定更大。此即为今后之第一大希望。此次改组，即本此意。改组之能成功与否，全凭各同志之能否负责联络与努力奋斗而定之。若能如此，则中国事业大有可为。我国人民身受十三年的痛苦，吾党此次应在最短时期内解放之，将国家障碍完全消灭。此次改组，各种办法已由临时中央执行委员会筹备许久，今提出"中国国民党宣言案"，请秘书长将原文朗读。

这个宣言，系此次大会之精神生命。此宣言发表后，应大家同负责任。诸君系本党各省代表，宣言通过后，须要负责回各省报告宣传。此宣言将国民党之精神、主义、政纲完全发表，并应使之实现。此宣言今后即可管束吾人之一切举动，故须详细审慎研究。大家通过后，不能随意改变，都应遵守，完全达到目的，才算大功告成。

关于列宁逝世的演说

（一九二四年一月二十五日）

方才得俄代表报告，俄国行政首领列宁先生已于前日去世。国民党的同志们当然非常哀悼，应该乘此次大会时，正式表决去一电报，以表哀忱。未表决之前，有几句话与诸君先说一下。

大家都知道，俄国革命在中国之后，而成功却在中国之前，其奇功伟绩，真是世界革命史上前所未有。其所以能至此的缘故，实全由其首领列宁先生个人之奋斗，及条理与组织之完善。故其为人，由革命观察点看起来，是一个革命之大成功者，是一个革命中之圣人，是一个革命中最好的模范。彼今已逝世，我们对之有何种感想和何种教训？我觉得于中国的革命党有很大的教训。什么教训呢？就是大家应把党基巩固起来，成为一有组织的、有力量的机关，和俄国的革命党一样。此次大会之目的也是在此。现在俄国的首领列宁先生去世了，于俄国和国际上会生出什么影响来，我相信是决没有的。因为列宁先生之思想魄力、奋斗精神，一生的工夫全结晶在党中。他的身体虽不在，他的精神却仍在。此即为我们最大之教训。

本总理为三民主义之首创人，亦即中国革命党之发起人。我们的革命虽有几次成功，但均是军事奋斗的成功，革命事业并没有完成，就是因为党之本身不巩固的缘故。所以党中的党员，均不守党中的命令，各自为政，既没有盲从一致信服的旧道德，又没有活泼于自由中的新思想。二次失败，逃亡至日本的时候，我就想设法改组，但未成功。因为那时各同志均极灰心，以为我们已得政权尚且归于失败，此后中国实不能再讲革命。我费了很多的时间和唇舌，其结果亦只是"中国即要革命，亦应在二十年以后"。那时我没有法子，只得我一个人肩起这革命的担子，从新组织一个中华革命党。凡入党的人，须完全服从我一个人，其理由即是鉴于前次失败，也是因为当时国内的新思想尚未发达，非由我一人督率起来，不易为力。到现在已经十年了，诸同志都已习惯了，有人以此次由总理制改为委员制，觉得不大妥当。但须知彼一时，此一时。当前回大家灰心的时候，我没有法子，只得一人起来担负革命的责任。现在有很多有新思想的青年出来了，人民的程度也增高起来了，没有人觉得中国的革命应在二十年以后了。我们从事革命的事业，国民只以为太慢，不以为太快了。故此次改组，即把本党团结起来，使力量加大，使革命容易成功，以迎合全国国民的心理。

从前在日本虽想改组，未能成功，就是因为没有办法。现在有俄国的方法以为模范，虽不能完全仿效其办法，也应仿效其精神，才能学得其成功。本党此次改组，就是本总理把个人负担的革命重大责任，分之众人，希望大家起来奋斗，使本党不要因为本总理个人而有所兴废，如列宁先生之于俄国革命党一样。这是本总理的最大希望。

现在提出用本大会名义致电莫斯科，对列宁先生之死表示哀忱案，请大家表决。至于各行政机关，已由政府通令下旗三日。本会亦应休会三日。此三日内，每日下午本总理均在此演述民族主义。此讲题，从前曾对高师学生演过一次，再有两三次，即可从大体讲之。若详细的讲演，非长久时间不可。今乘此机会，尽三天之内摘要把他讲完，诸位回去后，即可以之为宣传的资料。其余民权主义与民生主义，目前没有时间来讲，将来讲后再刊为单行本寄与诸位。现在请俄国代表鲍尔登先生讲列宁先生之为人，请伍朝枢君翻译。俟讲完后，我们再来表决本问题。

对驻广州湘军的演说

（一九二四年二月二十三日）

湘军将领兵士诸君：

本大元帅今天在这地和大家相见，是一个很难得的机会。并且可以和大家讲话，更是一个难得的机会。本大元帅今天来对湘军兵士讲话，是希望湘军从今天以后，都能变成革命军。诸君听了这次讲话之后，便全体变成革命军，那才不负革命党全体同志的大希望。

什么是叫做革命军呢？革命军和寻常军有什么不同呢？不同的地方，小而言之，革命军的一个人常常能够打一百个人，至少也能打十个人。大而言之，用我军的一千人，可以打破敌人一万人；用我军的一万人，可以打破敌人十万人。像这样以少数常常能够打破多数训练很纯熟、武器很精良的敌人，才叫做革命军。

大家都知道十三年以前，我们中国是一个专制国家，受满洲人统治，被满清政府征服了两百多年。到了十三年前，有革命党起，用手枪炸弹，推翻满清帝统，打破专制政体，建设共和国家。所以十三年以来，中国名义上才有中华民国之称，表现于世界上。

那次推翻满清，成立中华民国，便是革命事业。讲到当时的革命党，人数是很少的。满清政府在各省都练得有很多新兵，在各险要的地方又有满洲的驻防军。革命党推翻满清政府，究竟是靠什么本领呢？简单的说，就是靠一个人能够打几百个人。那时的革命党因为有那样大的胆量和牺牲精神，所以能够成那样大的事。本大元帅今天来同你们湘军讲话，要发生什么效果，才可以副人民的希望呢？希望发生的效果，就是要你们全部湘军都变成革命军，步革命党的后尘。为什么呢？我们在十三年前推翻满清，但是在这十三年之内不能成立真正民国，大原因就是在推翻满清之后，没有革命军继续革命党的志愿。所以从前的破坏成功，建设还不能成功。以后要建设成功，便要有革命军发生。如果没有革命军发生，就是再过十三年，真正民国还是不能建设成功。湘军各将士这次到广东，是为主义而来的，是为革命来奋斗的。诸将士要能够为革命去奋斗，便先要变成革命军。什么是叫做革命军，我刚才已经说过了，能够以一千人打破一万人的军队，才是革命军。现在广东有十多万兵，都不能说是革命军，因为他们是用一个人去打一个人的。如果我军一万人遇到敌人一万人，才说去对阵，遇到了两万敌人便不敢前进，像这样的军队有什么用呢？怎么可以说是革命军呢？至于本大元帅今天所讲的革命军，是一千人能够敌一万人。像有这样大力量的军人，在诸位军事家看起来，或者以为不可能的事。大概照寻常的军事经验讲，我军无论练得如何精良，总要用几倍人去打敌人，才可以操胜算。譬如用三万人去打一万人，才可以说是有把握。如果敌人有三万人，我军只二万人，更不能说是有把握。至于敌人有一万人，我军也只一万人，也不能说是有把握。像这样的军队是寻常军，不是非常的革命军。

世界上有非常的时会，能够做非常的事业，便要有非常的革命军，才可以做成功。诸位将士不信，只考察十三年以前的革命历史，革命党和清兵奋斗，没有哪一次不是以一敌百的。用一个革命军打一百个清兵，是很平常的事；如果不然，便不能算是好革命党。诸位将士是湘军，是从湖南来的。湖南老革命党最著名的有黄克强，他有一次自安南入钦廉起义，当时到钦廉来抵抗革命党的清兵，有两万多人，黄克强带的革命军不过两百人，所有的武器不过两百枝枪；用那样少的人和那样多的清兵，打两个多月仗，到后来弹尽而援不至，还可安全退出。照这一次战事说，革命军就是用一个人去打一百个人，这样的战斗是非常的战斗，不可以常理论。像这件不可以常理论的事，还是你们湖南人做出来的。所以本大元帅要大家以后能够打胜仗，做非常的事，便要变成非常的革命军，像黄克强那次在钦廉打仗一样。如果不然，就是枪好弹多，还要送给敌人，自己没有用处。

讲到战时以一可以当百的道理，是要各位兵士先有奋斗的精神。有了奋斗精神才能够牺牲，才不怕死。军人到了不怕死，还怕不能打胜仗吗？奋斗精神是从何而生呢？是从主义而生。兵士要发生精神，便先要有主义；先有了革命主义，才有革命目标；有了革命目标，才发生奋斗精神。革命目标到底是什么事呢？什么是叫做革命目标呢？大家都知道革命党是拿三民主义来改造中国的。三民主义就是民族主义、民权主义和民生主义。我们要明白了这三种主义，才能够干革命事业。

大家都知道中国从前被满洲人征服过了两百多年，我们祖宗都是满洲人的奴隶，习故安常，忘其耻辱。后来我们为什么能够推翻满清呢？就是因为明白了民族主义，知道自己都是汉人，总数有四万万，在明朝末年的时候被满洲征服了，压迫了两百多年，不能做主人，总是做奴隶。我们祖宗不明白这个道理，所以对于满清反歌功颂德，说清朝有深仁厚泽。到了后来，全国之内，不但是受满清的压迫，并且受英、法、德、俄、美、日诸列强的压迫。便有先知先觉的人，发明了民族主义，推究满汉的界限："为什么以少数的满洲人来统治四万万民族呢？""为什么四万万民族总是应该处于被压迫的地位，做满洲人的奴隶呢？"由此推想，便发生极不平的感觉，渐渐宣传，推广到全国，四万万人都知道这是很不平的。古人说"不平则鸣"，所以全国便要把这个不平来打平他，用极大的牺牲精神赶走满人。由这样讲来，便知道民族主义是对外国人打不平的。如果外国人和中国人的地位有不平，中国人便应该革外国的命。专就满汉而论，因为全国人明白了满汉的界限，知道满人和汉人的地位太不公平，所以发起辛亥年的革命。后来革命成功，便是民族主义达到目的。

什么是叫做民权主义呢？这个主义的道理，和民族主义是一样的。民族主义是对外打不平的，民权主义是对内打不平的。国内有什么不平的大事呢？就是有了皇帝或者军阀官僚的专制，四万万人还是不能管国事，还是做他们少数人的奴隶。像这样压迫的不平，和外国人的压迫也是一样。所以对国内的专制打不平，便要应用民权主义，提倡人民的权利。提倡人民的权利，便是公天下的道理。公天下和家天下的道理是相反的。天下为公，人人的权利都是很平的。到了家天下，人人的权利便有不平。这种不平的专制，和外族来专制是一样。所以对外族的打不平，便要提倡民族主义；对国内的打不平，便要提倡民权主义。

民生主义又是什么道理呢？这种主义是近来发生的。五十年前，不但是中国人没有讲到这个道理，就是外国人也不明白这个道理，也没有讲过这种话。现在世界最进步的国家，像法国、美国，都是从革命而来的。国外无外族的压迫，国内无皇帝的专制，他们的政治都是很修明的，国家又富庶又强盛。在几十年以前，人民都是很享幸福的。但是近几十年以来，工业发达太过，一切工作都是用机器代手工，譬如耕田、织布和一切制造，没有不是用机器去做的。像大家由湖南到广东的韶关，都是走路；再由韶关到广州，不是走路，是坐火车。火车就是走路的机器，也就是运输的机器。用一个火车头，可以运几千人，可以运几十万斤行李。那些行李，用很多的人都难得挑动，但是用火车只一日便可以运到。所以火车便是挑东西的机器，火车就是一个大挑夫。一个火车头所运的东西，可以替代几千个挑夫。耕田是这一样，织布也是这一样。一个机器做的工，可以代几百人。机器越多，出的货物越多，赚的钱也越多。所以有机器的人，便一日比一日富；没有机器的人，便一日比一日穷。因为机器的生产，故生出贫富极大的不平等。由于这种不平等，便发生民生主义。从前说民族主义是对外打不平的，民权主义是对内打不平的。民生主义是对谁去打不平呢？是对资本家打不平的。因为有了机器，生出了极大的资本家，国内无论什么事都被资本家垄断，富人无所不为，穷人找饭吃的方法都没有；故发明民生主义，为贫富的不平等，要把他们打到平等。这种主义，近来在外国很盛行，渐渐传到中国。

诸位将士听到这里，于革命党所主张的三民主义，便很容易明白的。这三种主义可以一贯起来，一贯的道理都是打不平等的。革命军的责任，要把不平等的世界，打成平等的。能够明白打不平等的三民主义，才可以做革命军。革命军是为三民主义去奋斗的。

　　革命军为什么要为三民主义去牺牲呢？三民主义成功了，造成一个什么国家呢？大家要知道我们将来可以造成一个什么国家，便先要知道现在的中国是处于什么地位。大家生在中国的这块地方，举目一看，是一个什么世界？简直的说：中国现在是一个民穷财尽的世界，是一个很痛苦的世界。无论那一种人在这个世界之内，都不能享人生的幸福。现在中国之内，这种痛苦日日增进，这种烦恼天天加多。我们看到这种痛苦世界，应该有悲天悯人之心，发生大慈大悲，去超度这种世界。把不好的地方，改变到好的地方；把这种旧世界，改造成新世界。要达到这种种目的，其责任就是在我们革命军。我们革命军实行这种责任，把三民主义完全达到目的，中国便可成为一个安乐世界。

　　大家都知道世界上文明顶进步的国家，是英国、美国。他们国富民强，人民所享的幸福，比中国好得多。但是他们国内还有贫富的不平等，所以普通人民还要革命。他们革命是用什么主义呢？所用的就是民生主义。因为民族主义和民权主义，在他们国内已经成功。除英国、美国的革命现在酝酿，还没有爆发以外，现在已经爆发了的是俄国革命。俄国革命发生于六年之前，现在已经完全成功。就是三民主义在俄国已经完全达到目的。

　　三民主义在中国完全达到目的之后，将来变成一个什么世界？我们突然一想，或者不容易见到。但是俄国现在是一个什么景象，来一看便可知道。七八年以前，俄国人民也是很痛苦的。当欧战的时候，全国加入协商国一方面去打德国。欧战没有终局，国内发生革命，便是要实行三民主义：对外不帮助协商国去打同盟国；对内推翻专制的俄皇；对于贫富的关系，反对世界上一切资本制度。因此列强当时便不去打德国，反移师来打俄国。故俄国革命，不但是皇帝的压迫要反对，就是列强的压迫也要反对，和全世界资本制度的压迫都一齐反对。当时革命军竭全力奋斗，把所有的压迫都打破了，于是组织一个新国家，叫做苏维埃共和国。现已经得英国、意国承认了。所以俄国革命，可说是完全成功。推究俄国革命的发起，是由于三种人，叫做：农、工、兵。俄国现时的政府，又叫做农工兵政府，是由于农、工、兵三界人民派代表所组织而成的。所以他们的政府所持的政策，对于这三种人民便特别优待。要知我们革命成功的将来详细情形，更可用俄国人民现在怎样享幸福的情形，再说一说。俄国人民所享国家的利益，譬如从小孩子初生的时候讲起，自幼长至成人，以至于年老，是受国家什么待遇呢？譬如一个穷人家生了小孩子，父母不能养活，报告到政府，国家便有抚育费，发给到父母去养活他。到了年纪稍大，可以入学校的时候，国家便办得有很完全的幼儿园、小学、中学以及大学，照他的年龄的长进，可以依次进学校，受很完全的教育，国家不收费用。若是父母有不教子女进学校的，政府便要惩罚父母，强迫子女去读书。此所谓强迫教育，要全国的青年，人人都可以读书，人人都受国家栽培，不要父母担忧。至于穷人的子女没有衣穿，没有屋住，没有饭吃，国家都是完全代谋，不必要父母去自谋。像我们中国的小孩子，大多数有没有能力去读书的。像诸位将士由湖南走到广东，沿途所见的小孩子，有多少读过了书呢？再像现在演说场中这些放牛的小孩子，有没有机会去读书呢？故中国小孩子多半没有机会读书，都是很痛苦的；长到成人以后，谋生无路，更是痛苦；再到老年，便更不得了。故中国人做小孩子的时候苦，长到成人的时候苦，到年纪老了的时候也苦。一生从幼至老，天天都是痛苦。不是少数人痛苦，是多数人痛苦。如果和现在的俄国人比较，是什么情形呢？俄国人在幼年的时候，有机会可以读书；在壮年的时候，有田可耕，有工可做，不愁没有事业；到年纪老了的时候，国家便有养老费。像俄国的人民，可说是自幼而老，一生无忧无虑。推究他们这种幸福，是由于革命而来的，是由于行三民主义、用革命方法造成的。在英美的政治社会，至今还有贫富的阶级。在现在的俄国，什么阶级都没有，他们把全国变成了大公司，在那个公司之内，人人都可以分红利。像这样好的国家，就是我要造成的新世界。

从前反对我的是满清皇帝，现在反对我的是满清留下来的武人官僚。这些武人官僚的专制，就是小皇帝的行为。从前有诸先烈前仆后起的奋斗，便推翻了那个大皇帝。我们现在要继续先烈的志愿，推翻曹锟、吴佩孚这些小皇帝。曹锟、吴佩孚和各省专制的督军、巡阅使，都是共和的障碍。有了他们，我们的新世界便造不成，大家便永远没有机会享人生的幸福。诸位将士要自己解甲归田之后可以享幸福，子子孙孙永远可以享幸福，便要担负推翻这些小皇帝的责任。把全军变成革命军，把现在痛苦的世界，改造成一个安乐世界。这种责任，是救国救民的责任。国家改造好了，人民得以安居乐业，不是一代可以享幸福，是代代可以享幸福的。

这种责任要怎么样可以做得到呢？要担负这种大责任，便先要有奋斗精神，明白了三民主义，便能为主义去牺牲。我们要担负这样的大责任，做成这样的大事业，非有大志愿、大胆量和大决心不可。故本大元帅今天和湘军讲话，要大家变成革命军，便先要大家有大志气和大胆量，变成用一可以敌百的革命军，然后我们的三民主义才能够完全实行，中国将来才能够变成安乐国家。这个能不能，没有别的问题，只问诸位将士今天听了这次讲话之后，有没有决心。故本大元帅今天来要求诸位将士的，是要诸位将士在今天立一个决心，变成革命军，共同去担负救国救民的责任。

在广东第一女子师范学校校庆纪念会的演说

（一九二四年四月四日）

校长、诸君：

　　今天是广东女子师范开十七周年纪念会。这十七年之中，是什么时候呢？你们学生知不知道呢？现在是民国十三年，大家知道为什么事要叫做民国呢？在十三年前，中国不叫做民国，叫做大清帝国。中国在那个时候有皇帝，做皇帝的是满洲人，现在民国没有皇帝。满洲人从前做中国的皇帝，有了二百六十多年，那是中国的什么时候呢？就是亡国的时候！满人做了中国二百六十多年的皇帝，就是中国亡了二百六十多年。在十三年前，才推翻大清帝国，创造中华民国。那次推翻大清帝国，是我们汉人在近来几百年中的一件大事。我们中国亡过了几百年，做人的奴隶也有几百年，在十三年前才推翻帝国，光复汉人的山河，脱离做奴隶的身份，所以那是我们汉人一件很大的事。

　　诸君毕业之后，是去教人的，是为国家培养人才的。培养人才，就是学师范者的任务。诸君要能够达到这种任务，便先要知道自己是生在什么时候，在这个时候是应该做些什么事业。诸君都是生在光复以后的时候，不必做外国人的奴隶，大家从此以后都有希望做主人，自己可以管国事。学师范的人，本来是教少年男女的，是教少年男女去做人的。做人的最大事情是什么呢？就是要知道怎么样爱国，怎么样可以管国事。中国人从前做满人的奴隶，被满人压制，不许问国事；因为那个时候的中国，是满人的国家，我们没有份。从今以后，不是满人的国家，中国便是大家的国家。你们都有一个家，家和国有什么关系呢？家庭要靠什么才可以生活呢？各个家庭，都要靠国才可以生活。国是合计几千万的家庭而成，就是大众的一个大家庭。学生受先生的教育，知道对于学校，有尊敬师长、爱护学校的责任；对于家庭，有孝顺父母、亲爱家庭的责任。对于国家也有一种责任，这种责任是更重大的，是四万万人应该有的责任。诸君在学校内求学，便应该学得对于国家的责任。现在我们的国家是什么景象呢？从光复以后，成立了中华民国，这个民国便是我们的国家。当中的国民有四万万，一半是男人，一半是女人，就是四万万人之中有二万万是女人。从前满人做中国皇帝的时候，不但是女子不能问国事，就是男子对于国事也不能过问。经过革命以后，才大家都有份，大家都可以问国事。推究大家可以问国事的来历，还是由于我们主张三民主义，实行革命的原故。所以大家要问国事，便要明白三民主义和实行三民主义。明白三民主义和实行三民主义，便是诸君对于国家应该负的责任。

什么是三民主义呢？第一个是民族主义。什么是民族主义呢？就是要中国和外国平等的主义。要中国和英国、法国、美国那些强盛国家都一律平等的主义，就是民族主义。汉人在十三年前做满洲人的奴隶，我们当那个时候没有国家，不能和别人讲平等。满人的国家很弱，不能自立，总是受外国的压制，被英国、法国、美国、日本和世界上许多国家的侵略，失去了疆土，抛弃了主权。满人总是受各国人的束缚，做英国、法国、美国、俄国和日本那些强国的奴隶，我们汉人又做满人的奴隶。所以在十三年前，我们是奴隶中的奴隶，叫做"双重奴隶"。推翻满清以后，脱离一重奴隶，还要做各国的奴隶。因为满清借许多外债，和外国立了很多不平等的条约，至今还没有废弃，还是受各国条约的束缚。那是些什么条约呢？就是满人把我们的主权土地押到外国的条约。那些条约，好比是主人穷，借别人的钱用，把奴隶押到别人，所写的身契一样。那个奴隶就是卖了身，便不能自由。所以我们至今受各国条约的束缚，至今还是做各国的奴隶。我们革命党主张民族主义，本想中国和各国平等；但是中国从前衰弱，不能和各国平等。创造民国，把国家变强盛，国家强盛了，才可以和各国平等。大家读历史，都知道在中国附近最著名的是日本。日本在六十年前，和高丽、安南、缅甸是一样。高丽、安南、缅甸因为不知道革命，所以亡国，做外国的奴隶。日本因为知道革命，革命能够成功，所以变成世界上的头等强国，各国都不敢轻视。日本在没有强国之先，和外国也写过了身契，立过了许多不平等的条约；但是强盛以后，便废除了那些条约，不受各国的束缚，和外国立于平等地位。日本之所以能够和外国平等的原故，就是因为日本人知道民族主义，能够实行民族主义。我们从前提倡革命，主张民族主义，不许外国人侵略中国，不做外国人的奴隶，许多人都不明白，所以总是不能达到目的。到了革命风潮发生以后，才知道做外国人的奴隶是很耻辱，才不肯做满人的奴隶，故实行革命，赶走自外国来的满人，推翻清朝的皇帝。至今有了十三年，不能够马上强盛，虽然脱离了满人的束缚，不做满人的奴隶，还要做各国人的奴隶。我们要以后不做各国人的奴隶，要废除一切不平等的条约，便更要发奋有为，实行民族主义。这就是做人的、做学生的和做一般国民的，对于民族主义应该有的责任。

第二个是民权主义。在十三年前，国家的大事只有皇帝一个人管，百姓都不能过问。好像一个东家生意，全店事情，这是东家一人管理，别人不能过问，店中伙伴只是听命做工，不得兼涉店事一样。满清皇帝专制的时候，也是这一样。到了辛亥年推翻清朝皇帝以后，我们才是主人。现在是民国，是以民为主的，国家的大事人人都可以过问。这就是把国家变成大公司，人人都是这个公司内的股东，公司内的无论什么事，大家都有权去管理。这便是民权主义的精义。

第三个是民生主义。什么是民生主义呢？诸君读历史、地理，都知道中国人民是很多的，疆土是很大的，并且是很肥美的，所出的农产是很多的，所有的矿藏是很丰富的。中外没有通商以前，洋货没有进口，中国是很富的。那个时候，中国人虽然做满洲人的奴隶，但是全国的工业农业极发达，人民都有衣食，所谓家给人足。现在是什么景象？成了民穷财尽的世界，人民日日有患贫之忧，受贫穷的困苦。推到我们国家的土地有这样大，矿藏有这样富，农产有这样多，为什么还弄到民穷财尽，人民日日受贫穷的困苦呢？最大的原因，是受外国经济压迫。外国从前用洋枪大炮、海陆军兵力打开我们中国的门户，要和我们通商。通商本来是两利的事，但是中国工业不及外国进步，所以中外通商以后，洋货进口便日日加多。详细原因是由于外国洋货，都是用很大的工厂、极大的规模、很多的机器做出来的，不是用手工做出来的；我们的土货都是用手工做出来的。用手工做出来的价钱很昂贵，用机器做出来的价钱很便宜。因为人人爱便宜，所以土货不能和洋货竞争，所以洋货的销行便多过土货。譬如大家手内用的，身上穿的，家内所需要的，没有哪一件东西不是洋货。通商的事，是以中国所无的运进，以所有的运出，所谓以有易无。但是中国的交通不好，沿海面的省份还有火船来往，到了内地，不能行船，又没有铁路，所出的土产都不能运出。他们外国的交通很便利，在本国有铁路，在海面有大洋船，他们的洋货很容易运进。所以，运进来的洋货便很多，运出去的土货便很少。洋货进口换钱出去，土货出口换钱进来，这两笔账比较起来，进口洋货换的钱，比出口土货换的钱，每年要多过五万万元。这就是我们每年要送五万万钱到外国去。用五万万钱的数目分配到四万万人，就是中国人平均每个人要用一块多钱的洋货。用一个学生所用的洋货计算，不只一块多钱。譬如一件洋布衣便值几块钱，一本洋书也要值几块钱，一枝自来水笔也要值几块钱。不过，交通不便利的各省分，像甘肃、新疆、四川、贵州那些内地人民，所用的洋货要少些；交通很便利的省分，像江苏、广东的人民，所用的洋货要多些，每人每年要用一百多元或者几百元的洋货。这就是我们的钱，每年都被他们的洋货交换去了。由于这个道理，所以弄到全国民穷财尽。

我们革命之后要实行民生主义，就是用国家的大力量，买很多的机器，去开采各种重要矿产。像煤矿、铁矿，中国到处皆有，煤矿尤其普遍。譬如广东的花县、韶关和北江一带，便有很丰富的煤矿。广东人现在每日用煤是很多的，所以市面的煤价很贵。普通的煤，一吨要值二十多元。那些矿内的煤，一开出来了便是钱。另外还有金、银、铜、铁、锡的五金矿都是很多，完全开出来了，中国便可以大富。到了那个时候，我们也用机器去制造货物。日本现在就是这样，所以日本有很多的货物输出，运到中国来的更是很多。日本货的价钱，比较欧美的还要便宜。中国将来矿产开辟，工业繁盛，把国家变成富庶，比较英国、美国、日本，还要驾乎他们之上。

到了那个地步，中国要成什么景象呢？我们预先看不到，可以看英国、美国现在是一个什么景象。他们国内有许多人是发大财的。他们所发的大财，不只几百万、几千万，有几万万、几百万万。普通发几千万的财，不算是发大财。推究他们发大财的原因，是由于机器多，制造的货物多，赚的钱也很多。有机器的人便一日比一日富，没有机器的人便一日比一日穷。富者愈富，穷者愈穷。所以他们的社会，小康之家是很少的。没有中产阶级，只有两种绝相悬殊的阶级，一种是资本家，一种是工人。在这两种阶级的中间，不穷不富的人很少。这种现象，不是好现象，这就是社会上的毛病。我们革命成功，民国统一之后，要建设成一个新国家，一定是要开矿，设工厂，谋国家富足。现在是民国十三年，再过十三年，到民国二十六年，中国或者不穷，也是像英国、美国一样的富足；社会上也是像英国、美国一样，生出两种阶级的人，一级是大富人，一级是大穷人，中间没有第三级的人民，那便是不均。我们现在是患贫，贫穷就是我们的痛苦。英国、美国的毛病，不是患贫，是患不均。全国的财富，人民没有分均匀，所以富人的财产常常到几万万，穷人连面包都难得找到手。富人因为有了那样多财产，便垄断国家的大事，无恶不作。穷人因为没有生活，便不得不去做富人的牛马奴隶。那种发大财的富人是少数，做奴隶的穷人是多数。在一个国家之内，只少数人有钱是假富，要多数人有钱才是真富。我们现在没有大富人，多数都是穷。要革命成功以后，不受英国、美国现在的毛病，多数人都有钱，把全国的财富分得很均匀，便要实行民生主义，把全国大矿业、大工业、大商业、大交通都由国家经营。国家办理那些大实业，发了财之后，所得的利益让全国人民都可以均分。好像中国的宗族主义，用祖宗的公产，举可靠的家长去经营实业，发了大财之后，子孙可以同分其利；有贫穷无告的，都可以利益均沾。总而言之，我们的民生主义，是做全国大生利的事，要中国像英国、美国一样的富足；所得富足的利益，不归少数人，有穷人、富人的大分别，要归多数人，大家都可以平均受益。

到了那个时候，国家究竟是做一些什么事呢？就是要办教育。国家有了多钱，便移作教育经费。中国现在的岁入，约计自二万万到三万万。日本有十几万万，美国有几十万万。这些经费，都是归国家用去办理教育、海陆军和一切行政的。国家的岁入，在日本有十几万万，中国土地要大过日本十几倍，国家建设好了，至少可以收一百多万万。那样多的岁入，应该定作什么用途呢？要由国家拨十几万万，专作教育经费。有了这样多的教育经费，中国人便不怕没有书读，做小孩子的都可以读书。现在广东办了不少的平民学校，穷家的小孩子，像水上的儿童和乡村的儿童能不能够都到平民学校内去读书呢？平民学校不收学费，并且发给书籍，穷家小孩子本可以去读书。但是乡下的小孩子要去放牛，每天要赚几毫钱。水上的小孩子要去划船，每日要赚两毫钱。他们不赚钱，便没有饭吃，没有衣穿。到了没有饭吃，没有衣穿，就令有平民学校，不收学费，他们怎么能够去读书呢？要那些穷家小孩子都能够读书，不但是学校内不收学费，有书籍给他们读，还要那些读书的小孩子有饭吃、有衣穿、有屋住；要那些小孩子自出世以后，自小长成人，国家都有教有养，不要小孩子的父母担忧，那些穷家父母才能安心送去读书。现在穷家的父母，总是日日为小孩子的衣食住担忧，所以虽然办了许多平民学校，乡下的小孩子还是要放牛，城市的小孩子还是要做工。现在广州市的小孩子自八岁到十岁都要做工，那些做工的小孩子该有多少呢！那些穷小孩子未必没有很聪明的吗，也是有极大聪明的，如果能够读书，或者可以成圣贤，也可以造就成很好的人才。但是现在无力去读书，不能上进，国家便减少了很多的人才。我们实行民生主义，国家发了大财，将来不但是要那一般平民能够读书，并且要那一般平民有养活。壮年没有工做的，国家便多办工厂，要人人都有事业。老年不能做工的，又没有子女亲戚养活的，所谓鳏、寡、孤、独四种无告的人民，国家便有养老费。国家的大作用，就是设官分治，替人民谋幸福的。

像我们革命党主张民生主义，造成这样的国家，才真是替人民谋幸福，才真是为人民的幸福来打算。人民有了这样的好国家，一生自幼到老，才可以无忧无虑，才可以得安乐。我们现在的中国人，没有哪一个是长年可以得安乐的，没有哪一个不是忧愁的。如果不忧愁，能够过安乐的日子，便是没有长成人，不知道有世界上艰难辛苦的事。若是成人之后，年纪大了，便有忧愁。诸君不信，可以回家去问问老父老母和兄长姑嫂，一年到头，处心积虑，是一个什么样子。我想他们的长年思虑，若是家穷的，不是愁每月的油盐柴米和房租家用没有着落，就是愁儿女的衣食学费没有办法。就是家内富的，不是忧子孙的书读不好，就是忧子孙没有事做，没有职业；并且忧自己老了之后，家当靠不住，子子孙孙不能长享幸福。无论富人穷人，只要是稍为有阅历的人，便一年到头总是有忧愁，总是不得安乐。他们为什么要这样忧愁呢？有忧愁就是受痛苦。因为以前的国家不好，人民真是受痛苦，所以才这样忧愁。我们革命党在十三年前革命，推翻满清，创造民国；现在革命，建设民国，是为什么呢？就是要除去人民的那些忧愁，替人民谋幸福，要四万万人都可以享福，把中国变成一个安乐国家和一个快活世界。在这个国家之内，我们四万万人不是一代可以享幸福的，是代代可以享幸福的。这是什么国家呢？这就是将来的中华民国。

现在的中华民国有了十三年，在这十三年之中，人民享了多少幸福呢？诸君回到家内去问父母，到底在这十三年中，是享了多少福。我想诸君的父母一定答应说，在这十三年以来没有享过一点福。在十三年以前，只是怕穷，但是没有兵灾，可以享太平福。民国十三年以来，没有一年没有兵灾。像广东在这几年之中，无日不是战争；各省都是一样。最近又要发生南北战争。为什么到了民国以来，人民反要加一种痛苦呢？大家做学生的，是有知识阶级，要明白当中的道理。本来在没有革命以前，人民虽然是穷，但是还有清菜淡饭，可以过安乐日子；现在受兵灾，连清菜淡饭都没有吃的。这是什么原故呢？不明白道理的人，都是说革命不好，从前有皇帝，所以有太平日子过；现在把皇帝推翻了，没有真命之主，所以天下不太平。因为这个原故，许多人还是想复辟，希望真命天子出世。诸位学生听到他们说这些话，到底是有没有道理呢？就他们这些话去推测，岂不是民国反不如从前的旧国家吗？民国既是不如从前的旧国家，我们为什么要成立民国呢？为什么要大家赞成民国呢？为什么要大家对于民国来尽心职务，建设这个新国家呢？大家又为什么承认是中华民国的国民，不承认是大清帝国的遗民呢？诸君是女子师范学生，毕了业之后，是要去教人的。要教别人怎样可以明白这些道理，便要自己先明白这些道理。诸君现在学校内求学，到底明白不明白这些道理呢？要明白这些道理，先从什么地方研究起呢？要研究这些道理，最简单的方法，就是要把民国和帝国的两件事，研究清楚。把民国和帝国两件事的好歹，研究清楚了，自然可以明白这些道理，自然容易教别人也明白这些道理。

我们从前推翻专制帝国，造成平等自由的民国，本意是打破不好的旧世界，改造成一个很好的新世界，要人人在这个新世界中，都可以安乐，都可以快活。现在不但是不快活，不安乐，并且反加忧愁，反加痛苦。这个道理是很容易明白的。要怎么样才可以明白这个道理，可以用我们讲话的这间房屋来做比喻：从前没有见过外国洋楼的人，不知道新式洋楼是怎样好，一见这间大房屋，一定是很心满意足的。但是见过洋楼以后，知道新式房屋有许多层，上下各有升降机，不必用气力走上走下，一进机内，只要司机人的手一动，要到哪一层便是哪一层。用水不要人挑，全屋都装得有自来水，一转启闭塞，要用热水便是热水，要用冷水便是冷水。用灯不要点火，满屋都有电灯，一转接电钮，便满屋辉煌，光辉夺目。再回想到这间屋，一定是很不满意的。我们中国人没有到过外国，没有住惯过文明屋，现在住到这间屋内，一定觉得是很好。若是住惯了文明屋的人，再来住这间屋，便觉得很不卫生。譬如今天这样冷的天气，便没有方法御寒；到夏天炎热的时候，又没有方法解热，知道这间屋是很不适用的。文明屋的每间房子之内，都挂得有寒暑表，房内的冷热随时可以知道。如果房内太冷了，像今天的天气一样，便开热水管或者电炉，马上就可以把房内的温度变热；如果房内太热了，像广东的夏天，便开电气风扇。最新的住屋，在夏天是用冷空气，马上就可以把房内的温度变冷。那种文明屋内的温度，可以任意变更，我们要他是多少度，便可以变成多少度。大概在夏天总是不得高过华氏八十度，冬天总是不要低过华氏七十度，一年四季的房内温度都是很平均的，都是很卫生的。所以外国人在冬天出街才穿大外套，在家内都是穿单衣，女子们更是穿很薄的亮纱。我们中国人在冬天要吃火锅，他们外国人在冬天要吃雪糕。我们要像外国人那一样的卫生，必要有那种文明屋的设备，方可以成功。像这间旧式的房屋，我们要怎样变热，怎样变冷，可不可以做得到呢？大家没有住惯外国文明屋的人，中国的这种旧屋是怎样不卫生，外国的那种新屋是怎样很卫生，或者还不甚知道；但是住惯了外国文明屋的人，一定很感觉这种旧屋不卫生的不方便。我们在中国要想所住的房屋，都是像外国房屋一样的卫生，便要拆去这种不文明的旧房屋，在这一块地基，另外造一所很文明的新洋楼。我们对于国家，也是一样的道理。因为先知先觉的人，知道中国从前不文明的旧国家专制太过，人民过于痛苦，所以发起革命，想建设一个像英国、美国很文明的新国家，让人民得安居乐业，过很快乐的日子。从前推倒大清帝国，改造中华民国，就是打破不文明的旧国家，改造成文明的新国家，好比拆去不文明的旧屋，另造很文明的新屋一样。现在满清的专制旧政府已经推倒了，民国的共和新政府建设成功没有呢？毫没有建设成功。中国现在的时势，正是青黄不接，好比旧屋已经拆去了，新洋楼还没有做好一样。因为新洋楼还没有做好，所以住在这间旧屋内的人，忽然遇到风雨的灾害，便无地藏身，便要受痛苦。现在民国十三年，全国人民不能安居，还要受各种灾害的痛苦，就是这个道理。我们要免去这种痛苦，所以还要做一番建国的工夫。在这种工夫没做完之先，国家当然还是很凄惨，人民当然还是很痛苦。我们要想住将来很文明的洋楼，过很卫生的日子，此时所受的痛苦，便不能不忍耐。

以上所讲的道理，如果诸君还不甚明白，诸君可以再看看贵校背后的观音山，是一个什么景象。从前的观音山，有很多楼台亭阁，树木花草，站在广州市的北边很高，风景是很好的。此刻市政厅要把他辟作公园，所以把那些旧房屋都拆去了。我有一个朋友，从前也游过了观音山的，也见过了那些楼台亭阁的，近来他又去游玩过一次，回来对我说："为什么把观音山的那些旧房屋都拆去了呢？为什么要弄到这样荒凉凄惨呢？这真是可惜得很呵！"我回答说："这是市政厅的新计划，要把那个全山辟作很好的新公园，所以把他暂时变成荒凉的景象，这没有什么可惜。请你明年再去游观音山罢，便可以知道将来是一番什么新景象。"改造国家的情形，也是和这一样。不过改造国家不是像改造公园，在一二年之内便可以做成功的。好像今天是贵校第十七周年的纪念日，贵校的学生毕业过了许多次数，贵校的陈设和一切功课是经过了十七年的预备、十七年的改良和十七年的扩充，才有今日这样大的规模。

我们要创造一个新国家，不是像做一间普通的新屋，只要开辟地基；要像做很高大的洋楼，要把地基挖得深，屋基筑得很坚固，然后在这个屋基之上，做成洋楼，才是很坚固，才不致倒坍。民国至今有了十三年，当中倒了几次呢？诸君知不知道呢？民国四年，袁世凯自己做皇帝，把中华民国改成洪宪帝国，这是民国倒过了第一次。民国六年，张勋复辟，请宣统再出来做皇帝，又把中华民国改成大清帝国，这是民国倒过了的第二次。现在曹锟拿钱买总统做，利用吴佩孚的武力统一中国，事事要服从专制，这又是在拆民国的台，民国又要再倒。民国成立以来不过十三年，为什么被人拆台，就倒过了两三次呢？就是由于国基不稳固。从前的国基，挖得不深，做得不坚固，便要在那个基础上建民国，好像屋基挖得不深，没有做坚固，便要在那个基础上建筑高大洋楼，哪里有长久不倒的道理呢？我们要国家巩固，永远不倒，是用什么做基础呢？要用人心做基础，要用人人的方寸之地做基础。人人的心内都赞成民国，倾向民国，然后民国才不致倒，才可以巩固。在十三年前推倒满清、成立民国，一般武人官僚表面赞成民国，心内何尝有民国呢？因为他们的心内都不赞成民国，所以不但是袁世凯在北京做皇帝，就是龙济光在广东也称龙王。如果此后再没有国基，将来一定又有人做皇帝，诸君便要做奴隶。中国不但是不能强盛，和外国并驾齐驱，外国一定要来亡中国。现在列强对于中国，主张共管，说中国人没有自治能力。从前很野蛮的满洲人都可以治中国，都把中国治得很久；此后还不太平，还不能想法则去自治，他们那些文明国家便要来代我们治中国，便要来共管。共管就是和从前瓜分一样的口调。中国到了被列强共管，就是亡国，中国人不久便要灭种。

诸君回到家内，遇着家人反对民国，便要把所讲的道理对他们详细解释，说民国还没有造好，我们人民眼前不能不牺牲，不能不忍耐。等到国家彻底改造好了，我们便永远的得安乐。国家要怎么样才可以改造好呢？要有立国基础，才可以造好。立国基础，就是万众一心，欢迎民国。到了人人都欢迎民国，不反对民国，民国便可以永远不摇动。诸君毕业之后，便要去教人。中国有二万万女人，是不是欢迎民国，都要靠你们去宣传。贵校办了十七年，在十三年前的帝国时代，是别人办理；到了民国时代，廖校长才来接办。廖校长是民国的新教育家，是宣传民国新福音的人，我想他平日把这些道理一定对你们是讲得很多的，你们对于这些道理或者是已经懂得很明白的。你们都是师范学生，毕业之后就要做人师长，如果做师长的人都不明白民国的道理，我们便永远没有希望造成民国的国基。

今天廖校长请我来讲演，是有什么希望呢？我是一个革命党，是爱提倡革命的道理的。今日到贵校来讲话，希望大家听了我的话之后都变成革命党，宣传三民主义，要中国富强，和英国、美国并驾齐驱。

诸君所用的宣传方法，就对人而论，应该由近及远，先对父母兄弟姊妹和一切家人说明，再对亲戚朋友和一般普通人说明。就措词而论，所说的话应该亲切有味，要选择人人所知道的材料。譬如宣传民族主义，就要说这种主义是用来对外国人打不平等的。像从前满人做中国的皇帝，到处都是满洲人做官，管我们的事情，我们总是做他们的奴隶，汉人和满人是很不平等的。我们要民族平等，所以便要排满。现在虽然是脱离了做满人的奴隶，还要做外国人的奴隶。中国事事都是受外国人干涉，受外国人管理。譬如广东的邮政局和海关，就是由外国人管理，这也是很不平等的。我们要除去这种不平等，便要提倡民族主义，赞成民族主义。民权主义是用来对国内打不平等的。中国在十三年前有皇帝，皇帝之下还有公、侯、伯、子、男许多阶级，他们都是高高在上，人民总是处在很低下的地位，那是很不平等的事情。我们主张民权革命，便铲平那些阶级，要政治上人人都是平等，就是男女也是平等。所以我们革命之后，便实行男女平权。广东的省议会便有女议员。女人能够和男人一样的做议员，与闻国家大事，地位该是何等高尚呢，该是何等荣耀呢！诸君知道近来外国女子争参政权，不知道费了多少能力，牺牲了多少心血，还有许多国家争不到手。中国革命之后，不要女子来争，便给予参政权，议会之中设立女议员。但是一般女子都不热心这参政权；就是做议员的女子，没有做很久，便心灰意懒，不继续去奋斗。广东都是这样，别省更可想而知。所以二万万女子，至今很不明白民国，还不能理国事。大家从此以后，要把我们民权主义中所包括男女平等的道理，对二万万女子去宣传，在女子一方面建设民国的国基。要他们都知从前的地位是很低，现在的地位是很高。这个女子地位抬高的原因，就是由于我们主张了民权主义。民生主义是什么用法呢？是用来对大富人打不平的。国家太平了，开辟财源，所得的利益不许少数人独享，要归多数的人共享，国家的利益大家可以均沾。少年的人有教育，壮年的人有职业，老年的人有养活，全国男女，无论老少，都可以享乐。这就是三民主义的用法。更行简单言之：民族主义是对外人争平等的，不许外国人欺负中国人；民权主义是对本国人争平等的，不许有军阀官僚的特别阶级，要全国男女的政治地位一律的平等；民生主义是对于贫富争平等的，不许全国男女有大富人和大穷人的分别，要人人都能够做事，人人都有饭吃。这就是三民主义的大意，诸君要详细研究。现在对于这三民主义，还要印成专书，以后可以随时取阅。

大家明白了这三民主义，才知道中国是一个什么民国。现在的中华民国，就是大家的家产，大家都是这个家产的主人。如果做师长的女子都不明白理家事，这个家产的前途便没有希望，所以你们的责任是很重大的。大家除了明白三民主义之外，根本上还要明白我们始终革命，是什么用意。我们的革命党的目标，始终都是要国家富强的。要达到这个目标，还要大家来赞成。赞成的方法，是在明白三民主义，巩固民国的基础。要民国的基础怎么巩固，就是在把三民主义的道理注射到人民心内，要人人的心理上都倾向共和。人人的心理上都倾向共和，中国才再不发生皇帝，中国才可以富强。法国、美国之所以永远富强，就是由于没有皇帝。俄国在六年之前推倒了皇帝，成立共和，六年以来，一般人民很明白共和的道理，俄国以后当然没有人做皇帝，俄国便可以望富强。中国成立共和至今不过十三年，当中倒过了两三次，总是有人做皇帝，就是因为国基不巩固，人人的心理还不欢迎共和。今天我到贵校来讲话，就是希望大家先明白共和，自己明白了之后还要去宣传，要诸君的父兄家人和一切亲戚朋友都明白，都来赞成共和，都来欢迎共和。

在广州市工人代表会的演说

（一九二四年五月一日）

各工团代表诸君：

　　诸君今天在此地开这个盛会，是效各国的工人，来庆祝世界各国通行的劳动节。世界各国的工人为什么要纪念今天的这一天呢？就是因为美国工人在三十九年以前的今天，结合了许多大工团在各城市巡行，要求资本家准工人作工八点钟、休息八点钟、教育八点钟，打破从前劳动无度的虐待。后来这种要求胜利了，全美国工人便把每年的今天作为劳动节，人人来纪念。随后传到了欧洲，各国的工人对于本国的资本家，也是照美国工人一样的要求，也是一样的胜利。这个劳动节，便由此推行到欧洲，推行到全世界，相沿至今，便成了世界各国工人通行的一个纪念日。所以今天的这个纪念日，是世界各国工人战胜了资本家的一日。这是我们工人全体都是应该来庆祝的。

　　我们中国工人，今天也来跟随世界各国的工人，同世界各国的工人合作，来庆祝这个纪念日。最要紧的是什么事呢？第一要知道，中国工人现在所处的是什么地位。要知道中国工人现在所处的是什么地位，便先要知道中国国家现在所处的是什么地位。中国现在是世界中最贫最弱的国家，受各国的种种压迫，所处的地位是奴隶的地位。中国现在所处的这种奴隶地位，比较各国殖民地的地位还要低得多。比方高丽是日本的殖民地，安南是法国的殖民地，高丽、安南在国际之中有没有地位呢？简直没有他们的地位。各国都是把他们当作奴隶，像高丽是做日本的奴隶，安南是做法国的奴隶。但是高丽、安南虽然是做外国的奴隶，他们只做一个强国的奴隶。我们中国现在是做世界列强的奴隶，凡是和中国有约通商的国家，都是中国的主人。这个原因，是由于从前满清没有钱用，借了许多外债，和列强立了许多不平等的条约，把他们主权都送了外国人。这就是满清把我们当作奴隶，要借外国的钱用，便拿我们去卖身。他们所立的那些条约，就是我们的卖身契一样。十三年前革命，推翻了满清，是脱了满清一重的奴隶，但是卖身契还没有收回，所以现在还要做各国的奴隶。从前是做二重的奴隶，现在还要做一重的奴隶。我们现在虽然只做一重的奴隶，但是主人有十几个，不比高丽的主人只有一个日本，安南的主人只有一个法国。大家想想，是侍候一个主人容易些呀，还是侍候许多主人容易些呢？做奴隶的人，只得一个主人的欢心，当然是很容易；要得许多人的欢心，当然是难得多。所以俗语说："顺得姑来失嫂意。"故中国现在所处的地位是很困难的，比较高丽、安南的地位还要难得多，还要低一等。国家的地位既然是很低，我们人民的地位自然也是低，做工人的地位当然更是很低。

今天诸君跟随文明国家的劳动团体，在这个劳动纪念日来开这个工人大会，要怎么样这个大会才不是空开的呢？依我看起来，要从今日起，立一个志愿，组织一个工人大团体。现在文明各国的工人，都有很大的团体。我们近来发生工人的风潮，都是由各国传进来的。就是今天开这个大会，当然也是仿效各国工人的。各国工人现在是什么情形呢？他们所处的是什么地位呢？各国工人现在都有团体，国家也设立特别法律，保护这种团体的利益。不过这种利益只是文明国家才有，如果是专制国家，便没有这种利益。文明国家的工人成立了团体，是做一些什么事呢？他们所做的事，目的就是在同资本家争地位。工人既是要同资本家争地位，那么就是在文明国家之内，工人和资本家的地位当然还是不平等的。现在文明国的资本家，还是很虐待工人。工人要不受资本家的虐待，所以工人同资本家之中便发生大问题。现在世界上不只一国有这种问题，就是各国都有这种问题。所以现在世界各国的工人都要联合起来，去和资本家抵抗。

外国之所以发生大资本家，是由于经过了实业革命。那种革命，是把各种生产的方法，不用手工来制造，专用机器来制造。因为机器的制造很快，工厂的规模又大，出品很多，所以有机器的人便发大财，便生出了许多大资本家。大资本家有了多钱，于是无恶不作，先压制本国的工人，后来势力膨胀，更压制外国的工人。中国工人和外国工人不同的地方，是外国工人只受本国资本家的压迫，不受外国资本家的压迫。如果有外国资本家来压迫，政府便去抵抗；就是受本国资本家的压迫，政府也是想方法来保护。所以外国工人一方面受本国资本家的压迫，一方面得政府的帮助。至于中国的实业还没有发达，机器的生产还没有盛行，所以中国还没有像外国一样的大资本家。外国有了机器生产之后，发生了大资本家，一般工人便受资本家的大害。中国工人现在还不受本国资本家的害，本国还没有大资本家来压迫工人。自从发生了工团风潮以后，那些小实业反要受工人的害，被工人来压迫。那么，中国的工人到底有没有受压迫呢？是受谁的压迫呢？中国工人是受外国资本家的压迫。故外国工人是受本国资本家的压迫，不受外国资本家的压迫，中国工人恰恰是相反，不受本国资本家的压迫，要受外国资本家的压迫。这就是中外工人不同的情形。

我们中国工人要受外国资本家的压迫，从什么地方可以看得出来呢？普通工人因为看不出来，所以不觉得大痛苦。外国资本家用什么东西来压迫中国工人呢？他们是用货物来压迫中国工人。他们的货物怎么样可以来压迫中国工人呢？是借国家保护的力量来压迫中国工人。外国工人受别国货物的压迫，政府便想方法来保护。中国政府不但是不保护中国工人，并且反去保护外国的货物；直接保护外国的货物，就是明保护外国的资本家。从什么地方可以看得出来呢？从海关便可以看得出来。从前中国和外国立了许多不平等的条约，给了外国许多的特别权利，其中有一件最重大的，就是把海关拨归外国人管理。进出口货物的税都是由外国人收，他们收多少就是多少，我们中国人不能过问。至于外国设立海关，是用来保护本国货物的，凡是有进口货物便收重税，出口货物便不收税。像这样收税的用意，就是要进口货物的价贵，在国内不能畅销；要本国所出的货物价贱，到处可以销行。像这样收税的办法，便可以抵制外国货物，保护本国货物。直接保护本国的货物，间接就是保护本国的工人。我们现在失去的海关，就是失去了保护各种实业的门户。因为门户大开，所以洋货源源而入，运到各省内地，用很便宜的价钱发卖。普通人因为爱便宜，所以不用土货，要用洋货。因为土货没有人买，洋货总是畅销，所以土货就被洋货打败。因为土货打败，全国都不出货，所以中国工人便没有工做。从前闭关自守的时代，中国工人还可以自耕而食，自织而衣，自己本来可以供给自己。到了外国人来叩关，打破我们的门户，和我们通商以后，自己便不能供给自己。土货消灭于无形，洋货充斥于市面。不但是洋货充斥于市面，就是外国银行发行的纸币也是通行于各地，中国的纸币也是被外国的纸币打败了。所以中国人民就谋生一方面的经济说，完全是处在外国的经济压迫之下。中国国家表面上虽是独立国，实在成了外国的殖民地。因为成了外国的殖民地，受了外国这样大的经济压迫，所以中国工人便谋生无路。

通商本来是以有易无，是两利的事。但是中国和外国通商后，把中国所无的洋货运进，把所有的土货运出，此中一进一出的比较，每年进口货超过出口货的数目要在五万万元以上。这就是外国多用五万万元的货，来换了中国五万万元的钱。中国多被外国换去了五万万元的钱，就是中国由于和外国通商，每年要损失五万万。中国每年有五万万的损失，就是中国对于外国每年有五万万元的进贡。中国工人本来不直接做外国人的工，不受直接的虐待，但是因为通商，多销洋货，每年的进贡有了五万万元，就是中国工人每年要损失五万万元的工钱。这种五万万元的损失，不是年年都是一定的，在十年之前只有二万万，到现在便增加到五万万，再过十年一定要加到十万万。现在的中国人，每年只损失五万万，已经是日日怕穷，叫苦连天。再过十年的损失要加一倍多，至少也有十万万。到了那个时候，专就经济压迫一项的难关，我们又是怎么样可以打得通呢！

外国工人只受本国资本家的压迫，中国工人要受外国经济的压迫，间接的要做外国资本家的奴隶。大家想想，中国工人的地位，比较外国的工人是不是差得多呢！现在中国不只工人要受外国资本家的压迫，就是读书的人、耕田的人、做生意的人，都是受外国经济的压迫。

诸君在这个世界各国的劳动节，来开这个大会，要用什么方法才可以打破这种压迫，来维持自己的地位和各界人民的地位呢？要步外国工人的后尘，维持自己的地位，是从什么地方着眼呢？外国工人生在文明的国家，政府有很完备的法律来保护工人，所以事事都不要工人来担忧。因为政府有保护工人的法律，所以工人的地位是很高。就是生在不文明的国家，工人自己也能够组合团体，提高自己的地位。譬如俄国工人在几年以前结成大团体，推倒专制的俄皇，改革政体，弄成工人的独裁政治，无论什么资本家都不许执政权，只有工人才可以管国事。俄国工人的地位是怎么样呢！英国现在由工党组织内阁，一切政权都是在工人掌握之中，英国工人的地位又是怎么样呢！其他各国工人的势力都是一日扩张一日，他们的地位都是一日抬高一日的。所以他们在本国之内，便可以解决一切问题。我们中国工人如果专学外国工人，组织大团体来解决国内的问题，推倒初发生的资本家，实在是很容易的。但是把这个问题解决了，对于外国经济压迫的问题，可不可以一齐来解决呢？我们每年所受五万万的损失，可不可以挽回来呢？都是不可能的。

我们本国的资本家，实在没有压迫工人的大能力。现在中国工人所受的最大痛苦，是由于外国的经济压迫。所以诸君今天有这样的盛气，结成这样的大团体，做这样的示威运动，应该想一个方法来抵抗外国经济的压迫。中国工人现在不但是不受本国资本家的压迫，并且反想种种方法来压迫本国资本家。因为这个情形，所以中国工人常常和本国资本家发生交涉。交涉胜利了之后，是不是解决了所有的经济问题呢？要解决所有的经济问题，就应该打消一切经济的压迫。中国工人所处的地位，是驾乎本国资本家之上。为什么不能打消一切经济的压迫呢？因为中国工人现在所受的毛病，由于本国资本家的压迫小，所受最大的压迫还是外国的资本家。我们每年损失了五万万，就是外国每年来抢了五万万。我们要把这种抢劫的五万万，不许外国人偷过关卡运回本国去，便先要争回海关的管理权。中国海关交到外国人去管理，是在从前那些中外不平等的条约之中载明过了的，所以我们要争回海关的管理权，便先要和外国交涉，废除一切不平等的条约。要达到这个目的，工人可不可以做得到呢？要达到这个大目的，便要有大团体。中国现在有团体的，除了读书的人以外，只有工人才有团体。商人的团体是很小的，耕田的人简直没有团体。所以现在士农工商四界人，可说是农、商两界的人没有团体，只有士、工两界的人才有团体。工人既是有了团体，要废除中外不平等的条约，便可以做全国人的指导，作国民的先锋，在最前的阵线上去奋斗。

诸君是工人，是国民的一分子。要抬高工人的地位，便先要抬高国家的地位。如果专从一方面去做，是做不通的。像这样讲，工人不但是对于本团体之中有责任，在本团体之外还有更重大的责任。这是什么责任呢？就是国民的责任。诸君结成了大团体，要担负什么责任呢？就是要担负抬高国家地位的责任。如果不能担负这个责任，诸君便要做外国的奴隶。若是能够担负这个责任，把中国变成世界上头一等的强国，诸君便是世界上头一等的工人，和头一等的国民。要抬高中国国家的地位，便先要中国脱离了外国经济的压迫。中国工人受资本家的压迫，对资本家宣战；外国工人也是受资本家的压迫，也是对资本家宣战。现在中外的工人都是一样的作战，所向的目标都是一样的敌人，所以中外的工人应该联成一气。中国工人联络了外国工人，对外国资本家去宣战，便要学辛亥年的革命志士，同心协力，一往向前，抱定破釜沉舟的大勇气。诸君有了这种团体和这种的勇气，便可以打破外国经济的压迫，解除条约上的束缚。做到了这个地步，中国的国际地位才可以同各国平等。现在中国同各国不平等的原故，是由于国际上的束缚，譬如政治、经济种种的压迫太多。要解除这种种束缚，在工人一方面并不是难事，英国、俄国的工人便是中国工人的好榜样。不过要像英国、俄国的工人担负国家的大责任，根本上还要有一种办法。我的三民主义和五权宪法，便是这种的根本办法。所以诸君要担负国家的大责任，还要服从我的三民主义和五权宪法。诸君能够服从我的主义，奉行我的办法，就可以和英国、俄国的工人一样，在社会上占最高的地位。由此看来，中国工人不只是反对本国资本家，要求减时间、加工价，完全是吃饭问题，最大的还是政治问题。要实行解决中国的政治问题，就要奉行三民主义，赞助我的革命。诸君能够奉行三民主义，赞助我的革命，才不是空开了这个庆祝大会。

应上海《中国晚报》所作的留声演说

（一九二四年五月三十日）

第一片

诸君：

我们大家是中国的人，我们知道中国几千年来，是世界上头一等的强国。我们是文明进步，比各国都是先的。当中国顶强盛的时代，正所谓千邦进贡，万国来朝。那一个时候，是中国的文明，在世界上是第一的，中国是世界上头一等的强国。到了现在怎么样呢？现在这个时代，我们中国是世界上顶弱顶贫的国家。现在世界上，没有一个能看得起中国人的，所以现在世界的列强，对于中国都是有瓜分中国的念头，也是由近来各国共管中国的意愿。为什么我们从前是顶强的国家，现在变成这个地步呢？这就是中国我们近来几百年，我们国民睡着了。我们睡了，就不知道世界他国进步的地方。我们睡着的时候，还是以为我们几千年前是这样的富强的。因为睡着了，所以我们这几百年来文明就是退步，政治就是堕落，所以变成现在不得了的局面。我们中国人，在今天应该要知道我们现在这个地步，要赶快想想法子怎么样来挽救，那么我们中国还可以有得了救；不然，中国就是成为一个亡国灭种的地位。大家要醒! 醒! 醒! 醒!

第二片

今天中国安危存亡，全在我们中国的国民睡还是醒。如果我们还是睡，那么就很危险。如果我们能从今天就醒起来，那么中国前途的运命，还是很大的希望。现在世界的潮流，都是进到新的文明，我们如果大家能醒起来，向新的文明这条路去走，我们才可以跟得到各国来追向前去。那么，要醒起来，中国才能有望。为什么呢? 怎么样说法呢? 就是我们能醒起来，我们大家才有思想，有动作，大家才能立一个志来救这个国家。大家能知道这一件事，中国就是不难来救的。今天我们要来救这个中国，要从哪一条路走呢? 我们就是要从革命这条路去走，拿革命的主义来救中国。拿革命的三民主义，就是民族主义，民权主义，民生主义，这个就是所谓三民主义。民权主义，就是拿中国要做到同现在列强达到平等的地位；民族主义，就是从国际上列在平等地位；民权主义，就是要拿本国的政治弄成到大家在政治上有一个平等的地位，以民为主，拿民来治国家；民生主义，就是弄到人民生计上、经济上的平等。那么这个样三民主义，如果我们能实行，中国也可以跟到列强来进步，不久也可以变成一个富强的新中国。

第三片

诸君:

今天听到我的话,大家想中国再恢复我们从前几千年的强盛不想?如果大家想的,就是要大家立志。要立志,大家就要研究这个三民主义。三民主义,我近来在广东高师学校每个礼拜讲一次,每次讲到两点多钟。民族主义,我讲了六个礼拜才讲完。民权主义,也讲了六个礼拜才讲完。不久再来开始讲民生主义,大概也要讲六个礼拜,八个礼拜说不定的。三个三民主义讲完之后,我将演词刻了单行本。现在民族主义已经出书了,民权主义,不久也要出书了;将来民生主义讲完,也是一样刻单行本出书,来广传到中国各省。望诸君要留心找这个书三民主义的三个演讲,来详详细细来研究!其中很多新思想,很多新发明,是中国人从前没有听过的。这个演说,我以为是很有趣味的,望诸君要买这个书来看!看过之后,就要留心详详细细来研究。如果能把三民主义来详细来读过,详细来了解,那么,诸君就懂得怎么样来立志救中国。既已懂得之后,把三民主义来宣传到大家都知道,令大家都立志来救中国,那么中国就很快的可以变成一个富强的国家,与列强并驾齐驱。这就是我所望于诸君的。

第四片

　　现在我还要同革命党来讲几句话。大家知道，中华民国是革命党牺牲流血，推翻满洲，才来造成的。现在这个革命事业，都被官僚、武人破坏了，所以革命建设不能彻底成功，所以我们革命党在中国还要担负很重的责任。现在头一个义务，就是要把革命党的三民主义，来宣传到一般的国民能知道。第二个责任，我们革命党还要学从前革命先烈这个样，要牺牲性命，要舍身来救国，要为中国前途来奋斗，要把自己的力量，要来努力进行，学从前先烈这个样。不好学革命成功后这种假革命党，借革命来图一个人的私利，借革命这条路来做终南捷径，来升官发财。这总是革命成功后，这个假革命党布满全国，冒革命之名，所以把革命成绩都破坏了，令国民惶惑，令国民不知道革命党是做一种什么事。所以国民看到现在这种假革命党，以为这种就是革命的人才。我们真革命党，现在要担一种很大的责任，就是要彻底，要把这种假革命党来排除。我们对于国民，我们要表示我们的一种道德，一种革命的精神，使国民大家知道真革命党是为国牺牲的，是来成仁取义的，是舍性命来救国的。只要把奋斗精神来感动国民，令国民知道是非，知道真假，知道这个真革命党是真心为国家，令一般国民跟我们来革命，中国才有救咯！

在陆军军官学校开学典礼的演说

（一九二四年六月十六日）

来宾、教员、学生诸君：

今天是本学校开学的日期。我们为什么有了这个学校呢？为什么一定要开这个学校呢？诸君要知道，中国的革命有了十三年，现在得到的结果，只有民国之年号，没有民国之事实。像这样看来，中国革命十三年，一直到今天，只得到一个空名。所以中国十三年的革命完全是失败，就是到今天也还是失败。至于世界上的革命，在我们以后发生的情形是怎么样呢？六年之前，有一个邻国，和中国毗连有一万多里，跨欧亚两洲来立国，比中国还要大，在欧战之前是世界上头一个强国，当欧战期内便发生革命，他们的革命后过我们六年。这个邻国是谁呢？就是俄国。俄国革命虽然是在中国革命的六年之后，但是说到结果，他们的是彻底成功。我们拿两国的历史来比较：就对内一方面说，中国从前革命，是对外来的满洲人。满清皇帝的威权，到我们革命的时候已经是很薄弱，政治也是很腐败，当那个时候，满清的国势是世界上最衰微的国家。比较俄国对他们皇帝革命时候的情形是怎么样呢？俄皇是本国人，又是俄国的教主，在国内的威权是第一，当没有革命的时候，俄罗斯的国势是世界上最强盛的国家。像这样比较，可以说，中国是对权势很薄弱的皇帝来革命，俄国是对权势很强盛的皇帝来革命。所以就对内这一方面讲，中国革命是很容易的，俄国革命是很艰难的。就对外一方面说，俄国革命之后，所遇到的障碍是很大的；中国革命之后，毫没有人干涉。在革命之前，外国人虽然有瓜分中国的言论，我们也怕到革命的时候受列强的干涉；但是发生了革命之后，列强毫没有理会。俄国发生了革命之后，遇到外国人的障碍，不只是言论，并且实受兵力的干涉。各国军队侵进俄国境内的，有英国、法国、美国、日本和意大利以及其他各小国的军队，外国人集合全世界的力量来干涉俄国。像这样看来，我们革命，只在内对付一个很衰弱的政府；俄国革命，在内要对付一个威权很大的政府，在外还要对付全世界的列强。所以更就对外那一方面讲，中国革命也是很容易的，俄国革命也是很艰难的。为什么俄国遭了那样大的艰难，遇了那样多的敌人，还能够在六年之内，把所有的障碍都一概打消，革命是彻底的成功；我们革命的时期比较俄国要长一半，所遇的障碍又不及俄国的大，弄到至今革命还是不能成功呢？由中国和俄国革命的结果不同，推求当中原因，便是我们的一个大教训。因为知道了这个教训，所以有今天这个开学的日期。这个教训是什么呢？就是俄国发生革命的时候，虽然是一般革命党员做先锋，去同俄皇奋斗，但是革命一经成功，便马上组织革命军；后来因为有了革命军做革命党的后援，继续去奋斗，所以就是遇到了许多大障碍，还是能够在短时间之内大告成功。中国当革命之时，在广东奋斗的党员最著名的有七十二烈士，在各省舍身奋斗的党员也是不少。因为有了那些先烈的奋斗，所以武昌一经起义，便有各省响应，推倒满清，成立民国，我们的革命便有一部分的成功。但是后来没有革命军继续革命党的志愿，所以虽然有一部分的成功，到了今天，一般官僚军阀不敢明目张胆更改中华民国的正朔；至于说到民国的基础，一点都没有。这个原因，简单的说，就是由于我们革命，只有革命党的奋斗，没有革命军的奋斗；因为没有革命军的奋斗，所以一般官僚军阀便把持民国，我们的革命便不能完全成功。我们今天要开这个学校，是有什么希望呢？就是要从今天起，把革命的事业重新来创造，要用这个学校内的学生做根本，成立革命军。诸位学生就是将来革命军的骨干。有了这种好骨干，成了革命军，我们的革命事业便可以成功。如果没有好革命军，中国的革命永远还是要失败。所以，今天在这地开这个军官学校，独一无二的希望，就是创造革命军，来挽救中国的危亡。

什么东西叫做革命军呢？诸君到这个学校来求学，要怎么样立志才可以做革命军呢？要有什么资格才叫做革命军呢？我们要知道怎样可以做革命军，便要拿先烈做模范；要拿先烈做模范，就是要学革命党，要学革命党的奋斗。有和革命党的奋斗相同的军队，才叫做革命军。中国革命虽然有了十三年，但是所用的军队，没有一种是和革命党的奋斗相同的。我敢讲一句话，中国在这十三年之中，没有一种军队是革命军。现在在广东同我们革命党奋斗的军队，本来不少，我都不敢说他们是革命军。他们这些军队，既是来同我们革命党共事，为什么我还不叫他做革命军呢？我之所以不敢以革命军的名号加之于这些军队之上的理由，就是因为他们内部的分子过于复杂，没有经过革命的训练，没有革命的基础。什么是叫做革命的基础呢？就是要有革命先烈那一样的行为，有了那一样的行为，才叫做革命的基础。至于现在广东的这些兵士，对先烈的那些行为，还是莫名其妙。而且中国此刻是民穷财尽，一般都是谋生无路，那些人在没有得志之先，因为生计困难，受了家室之累，都是说要来革命；到了后来稍为得志，便将所服从的什么革命主义都置之九霄云外，一概不理了。所以在二年之前，竟有号称"革命同志"的陈炯明军，炮攻观音山，拆南方政府的台。从前叫做革命军，同在一个革命政府之下的军队，因为利害不同，竟会倒戈相向，做敌人所做不到的行为。因此知道不明白革命主义的军队，究竟不能除却自私自利的观念，如果和他们本身的利害相反，马上便靠不住；所以我们的革命，总是失败。我今天到此地来和诸君讲话，是要把以往的成败当作一场大梦，一概不要回顾他；要从今天起，重新来创造革命的基础，另外成立一种理想上的革命军。诸君不远千里或者数千里的道路来此校求学，既是已经明白了我们的宗旨要造成一种革命军，一定是富有这种志愿，来做革命的事业。要做革命事业，是从什么地方做起呢？就是要从自己的方寸之地做起，要把自己从前不好的思想、习惯和性质，像兽性、罪恶性和一切不仁不义的性质，都一概革除。所以诸君要在政治上革命，便先要从自己的心中革起。自己能够在心理上革命，将来在政治上的革命便有希望可以成功。如果自己不能在心理上革命，就是此刻在这样设备完全的军官学校之内研究军事学，将来还是不能成革命军，做革命军的事业。所以诸君要革命，便先要立革命的志气。此时有了革命的志气，将来便可以当革命军的将领。我们要把革命做成功，便要从今天起立一个志愿，一生一世，都不存升官发财的心理，只知道做救国救民的事业，实行三民主义和五权宪法，一心一意的来革命，才可以达到革命的目的。如果不然，就是诸君将来成立军队，打许多胜仗，得许多土地，各人都能够扩充到几万人，还是不能够叫做革命军的。

中国现在不好的军人，可以分成两派：一派是在革命党内的军人，这派军人口头赞成革命，行动都是反对革命，所谓口是心非；一派是在革命党外的军人，这派军人完全反对革命，只知道升官发财，时时刻刻都想推翻共和，恢复专制。诸君要将来维持共和，消灭这种军人，现在便要立志，要存心将来成功之后，不做自私自利的师长旅长和一般横暴无道的军阀。诸君有了这种志气，才可以入革命的第二层门径。什么是革命的第二层门径呢？就是要学革命先烈的行为。革命先烈的行为没有别的长处，就是不要身家性命，一心一意为国来奋斗。

从前的奋斗是什么情形呢？大多数都是凭着赤手空拳，有了手枪炸弹的，便以为是很好的武器，每次起义，总用很少的这种武器去和清兵奋斗。当时全国清兵有多少呢？从前有旗下绿营、水师和巡防营，后来又有新兵，总共不下一百多万。譬如辛亥年三月二十九日，在广州城的，便有李准所带的水师，张鸣岐所带的陆师，和燕塘的许多新兵，及满洲的驻防军，总计不下五六万人。当时革命党的人数不过是几百人。经过那次革命之后，死了的有七十二人，没有死的当然是很多。当时做冲锋队的人才有武器，有武器的不过三百人，所打的敌人，不止三万人。革命党只用三百人便敢打三万多敌人，这就是革命党的见识。革命党的见识，都是敢用一个人去打一百个人的。此刻在这地听话的，多是军事教员同军官学生，试问诸位教员，研究军事学，在战术中有没有这个道理呢？有没有一个人打一百个人的成例呢？依我看起来，无论古今中外，都没有这种战术。普通的战术用一个人去打一个人，便以为了不得。古时的兵法都说是倍则攻之，十则围之。近时的兵法用一个人打一个人，非守即退。像这样的兵法，古今才叫做正当的战术。至于广州十三年前的革命，不但是用一个人去打一百个人，并且坐守广州的敌人都有长枪大炮，进攻广州的革命党只有手枪炸弹。战到结果，革命党死了七十二人，后人以为是失败。但是革命党攻进制台衙门，赶走两广总督，我们以战论战，当日广州城内之战可以说是成功。至于后来失败的原因，完全是由于预约的援军不至。就是推到那次冲锋队的三百人，武器还是不精良。如果人人都有精良的武器，那次革命或者可以成功，并不是绝对没有成功的希望。我们事后将敌我的情形过细比较，那次革命之不成功，并不是三万敌人能够打败三百个革命党，实在是由于革命党内部的计划不周全；如果在起义之先，计划很周全，那次革命也不是绝对没有成功的希望。

辛亥年革命，在广州起义之后，又有武昌起义。武昌起义，结果是成功。推到当时的情形是怎么样呢？当时在武昌、汉口的革命党总共还不足三百人，真正革命党不过是几十人。所有的枪都没有子弹，临时到处搜索，只得到两盒子弹，一共不过五十颗。革命党分到了五十颗子弹，便在城内的工程营中发难。城外的炮兵营立时响应，便拉两门炮进城，遥攻总督衙门，赶走瑞澂，占领武昌。至于当时驻在武昌的清兵，有第八镇的新兵，有长江的海军，又有巡防营的旧陆师，总共不下两万多人。革命党只用几十个人去打两万多人，可以说是用一个人打五百个人。广州起义，用一个人打一百个人，结果是失败；武昌起义，用一个人打五百个人，结果是成功。都是以极少数的人打极多数的人，在广州是失败，在武昌便成功，所以革命的奋斗不能一概而论。这种奋斗，是古今中外各国兵法中所没有的，只有革命历史中才有这种创例。我们继续来革命，按部就班，便不能说用少数不能胜多数。

诸位教员有从外国学来的，有从保定学来的。从前各国在陆军学校所教授的学问，都是寻常的军事学。此刻学成的先生，再教授学生，一定也是从前所学的普通军事学。所以诸位学生在这个学校内所学的学问，大概都是极寻常和极有规矩的普通军事学。诸君专拿这种学问，可不可做革命军人呢？做革命军的学问，不是专从学问中求出来的，是从立志中发扬出来的。诸君在求学的时代，当然要听先生的指教，服从长官的命令，先生教了多少，便要明白多少。如果有绝顶聪明的人，或者有青出于蓝而胜于蓝的，就是没有绝顶聪明，只要把先生所教的学问彻底了解，将来也有大用处。用诸君现在的情形和从前的革命党比较：从前的革命党都没有受过很多的军事教育，诸君现在这个学校之内，至少还有六个月的训练；从前的革命党只有手枪，诸君现在都有很好的长枪；从前革命党发难，集合在一处地方的最多不过是两三百人，现在这个学校已经有了五百人。以诸君这样好的根本，如果是真有革命志气，只用这五百人和五百枝枪，便可以做一件很大的革命事业。

军队之能不能够革命，是在乎各位将士之有没有革命志气，不是在乎武器之精良不精良。如果没有革命志气，不研究革命道理，像满清末年所练的新军，陆军都有很精良的长枪大炮，海军有很坚固的战舰和鱼雷艇，总不能发扬革命事业；到了武昌起义之后，便都归革命党所用。总而言之，革命是非常的事业，非常的事业不可以常理论。从前留学日本和欧美各国的陆海军学生，我们总是设法运动，要他们加入革命党，但是有许多学生总是不肯加入，始终反对革命。他们那些反对革命的有知识军人，是什么心理呢？过细考查，就是他们都有一种成见，自以为是军事专家。在我们革命党，主张用一个人打一百人，用一百人打一万人；在他们受过军事教育的人看起来，以为这是古今中外战术中没有的道理，如何可以成功呢？这个道理，我们不必深辩，只要看后来中国革命推翻满清，是谁造成呢？成功的时候，固然是有许多军事家的赞助，但是穷脉溯源，说起原动力，还是由于极少数的革命党所发起的。推到当时一般有知识的军人，以为用极少数打败极多数是战术中决不能成功的定案，因为不赞成这个道理，便不赞成革命。因为那些军人都不赞成革命，所以从前的革命党，真有军事知识的人还是很少。辛亥年革命之所以大告成功，是由于全国已经发生了革命之后，段祺瑞便结合一般军人联名通电，赞成共和，才能够达到推翻满清的目的；革命党因为降格相从，容纳他们的意见，收罗这一般军人，以后才收军事上的顺利。所以辛亥年革命之成功，实在没有真正军事学识的军人。大家总要记得：革命是非常事业，不是寻常事业，非常事业决不可以寻常的道理一概而论。现在求学的时代，能够学得多少便是多少，只要另外加以革命精神，便可以利用；如果没有革命精神，就是一生学到老，死记得满腹的学问，总是没有用处。

我们现在才到这地开办这个军官学校，北方的官僚军阀老早便办得有保定军官学校和北京陆军大学。用我们这个学校和他们的学校比较，他们学校之成立的时间很久，人数很多，器械又完全；

我们这个学校所处的种种地位，都是比他们的差得远。如果专就物质一方面来比较，又照常理论，我们怎么能够改造中国呢？不过，北方的将领和兵士集合在一处，成立军队，不是为升官发财，就是为吃饭穿衣，毫没有救国救民的思想和革命的志气。在从前满清的时候，是这一种将士；现在遗留到曹锟、吴佩孚的，也是这一种将士。我们没有军事学识的革命党，从前既是能够消灭满清，将来富有军事学识的革命军，更是能够消灭曹锟、吴佩孚。不过以我们现在所处的地位，要能够消灭曹锟、吴佩孚，根本上还要有革命的精神。若是没有革命的精神，他们的人多械足，我们不但是不能够消灭他们，恐怕反要被他们消灭。俄国在六年之前，一经发动革命，便同时组织革命军，以后着着进行，所以能够消灭旧党和外来的敌人，大告成功。我们现在开办这个学校，就是仿效俄国。中国革命有了十三年，到今天还要办这种学校，组织革命军，可见大凡建设一个新国家，革命军是万不可少的。

诸君到这个学校来求学，又听过了我今天这一番的讲话，自然立志要做革命军。立志做革命军，先要有什么根本呢？要有高深学问做根本！有了高深学问，才有大胆量；有了大胆量，才可以做革命军。所以做革命军的根本，还是在高深学问。要造就高深学问，是用什么方法呢？造就高深学问的方法，不但是每日在讲堂之内，要学先生所教的学问，还要举一隅而三隅反，自己去推广。在讲堂之外，更须注重自修的工夫，把关于军事学和革命道理的各种书籍及一切杂志报章，都要参考研究。研究有了心得之后，一旦融会贯通，自然可以发扬革命的精神，继续先烈的志愿，舍身流血，造成中华民国的基础，使三民主义完全实现。革命大告成功，像俄国一样，我们中国才可以同世界各国并驾齐驱，中国的民族才可以永远的生存于人类。假若革命不能成功，中国便要亡，四万万人便要灭种。国亡种灭，都是诸君自身的利害，这是不能不挽救的。要挽救这种危亡，只有革命军。所以我们一定要开这个学校，要造成革命军。

革命军是救国救民的军人，诸君都是将来革命军的骨干，都担负得救国救民的责任。既是有了救国救民的责任，便要从今天起，先在学问上加倍去奋斗。将来毕业之后，组织革命军，对于共和的障碍，更是要同他们拼命，要能够用一个人去打一百个人。这种用一个人去打一百个人的本领，是靠什么为主呢？当革命军的资格，是要用什么人做标准呢？简单的说，就是要用先烈做标准，要学先烈的行为，像他们一样舍身成仁，牺牲一切权利，专心去救国。像这个样子，才能够变成一个不怕死的革命军人。革命党的资格，就是要不怕死。要用什么方法才可以不怕死呢？这个方法，说来说去，还是要学先烈。我今天在这地同诸君讲话，便是一个后死的革命党。从前每次革命的时候，我常常参加，总没有一次贪生畏死，但是每次流血都没有流到我的身上，所以今天还能够同诸君讲话，把不怕死的道理口传到诸君。我敢说革命党的精神，没有别的秘诀，秘诀就在不怕死。要能够有这种大勇气，在心理中就是视死如归，以人生随时都可以死，要死了之后便能够成仁取义。明白了这种道理，便能够说死是我们所欢迎的；遇到了敌人的枪炮子弹，能够速死更是我们所欢迎的。有了这种大勇气和大决心，我们便能够用一个人去打一百个人。因为敌人的观念，要生才以为是享幸福；我们的观念，要死才以为是享幸福，一死便得其所。生死的观念，在敌我两方面的精神过于悬殊，自然不能对敌，自然是我们有胜无败。

这样以死为幸福、要求速死的道理，并不是凭空的理想，完全是事实。像从前日本有一位中国留学生，叫做陈天华，他发扬了革命的精神，还没有到革命的时机，求死不得，便在日本投海而死，以死报中国。英国又有一位留学生，叫做杨笃生，也是因为明白了革命的道理，没有革命的时机，不能做革命的事业，看到中国太腐败，要以速死为享幸福，便在英国投海而死，以死报中国。像陈天华、杨笃生，他们是什么人呢？他们就是革命党，就是热心血性的真革命党。他们都是由于求死所而不得，所以迫到投海，实在是可惜。但是由陈天华、杨笃生两个人投海的道理，便可以证明一般人只要感受了革命的精神，明白了革命的道理，便可以视死如归，以为革命而死是很高尚、很难得和很快乐的事；如果在战场上，遇到了自己主义上的敌人，受敌人枪炮的子弹而死，当然更以为是死得其所了。

从前的真革命党，因为都有这种乐死的性质，所以敢用一个人去打一百个人，所以敢于屡次发难来革命，所以革命能够成功。这种先例，是古今中外兵书中所没有的，只有革命史中才有这种成例。这种成例，是非常的例子。我们要学这种非常的成例，便要有非常的志气，有了非常的志气，便能够看破生死关头，以死为幸福。如果人人都能够以死为幸福，便能够一百人打一万人，用一万人打一百万人。假若我们现在有一万人的革命军，马上便可以定中国，因为此刻反对革命的全国军队，总共不过一百万人。因为此刻我们没有一万人的革命军，所以那般贪暴无道的军阀，便敢于横行全国，无恶不作，事事要害国，天天要推翻共和。我因为要维持共和，消灭这般贪暴无道的军阀，所以要诸君不怕死，步革命先烈的后尘，更要用这五百人做基础，造成我理想上的革命军。有了这种理想上的革命军，我们的革命便可以大告成功，中国便可以挽救，四万万人便不至灭亡。所以革命事业，就是救国救民。我一生革命，便是担负这种责任。诸君都到这个学校内来求学，我要求诸君，便从今天起，共同担负这种责任。

在广州农民联欢会的演说

（一九二四年七月二十八日）

诸君：

今日是开农民联欢会。大家知道为什么要开这个会呢？开这个会之后，要做什么事呢？要知道这个原委，便先要知道今日在中国是一个什么日子。今年叫做民国十三年。为什么有了民国十三年呢？因为在十三年之前，革命党的同志才起革命军，推翻满清，恢复汉人国家，创成民国。在民国没有创成之先，中国的皇帝是满洲人。满洲人是外国来的，是一种异族，不是汉人。他们在二百六十多年之前，用兵力来侵占中国，征服汉人，灭了明朝，统一中国的江山，才把国号改做清朝。所以满清统治中国，压迫汉人，有了二百六十多年。到十三年之前，汉人才发生革命，赶走满洲人，恢复汉室的山河，一直到现在，中国的事情都是汉人自己管理。

大家如果不知道清朝与民国的分别，可以就广东从前和现在情形想一想，便可以明白。广东在十三年之前，是什么情形呢？大家知道广州是两广最大的城市，在广州城内最大的官有两广总督，他的权力可以管理广东和广西两省。总督之下有将军，将军之下又有旗防。旗防是满清派到广州来驻防和监视汉人的。汉人官吏做事，都要听满洲人将军的话。所以满洲人是主人，汉人是奴隶。这些情形，你们做小孩子的当然不知道，做大人的应该记得很清楚。在当时，汉人并且不敢到旗下街去行走，如果自己不谨慎，要是被旗人打死了，去打官司，旗人不抵命。这就是因为满洲人是主人，我们的官吏是被他们监督，所以不敢理这些事。至于汉人生了子孙，有没有教养，官吏总是不管。满人的小孩子，一出世之后便有长粮吃。那些汉满不平等的事，是非常之多。到后来一般革命先烈，知道我们是做奴隶，看见那些不平的事是很无道理的，所以提倡民族主义，推翻满清政府，创成民国来行民权。这种民权主义，是以人民为主人的，以官吏为奴隶的。所以十三年前的革命，是一件很奇怪的事，是中国几千年来破天荒的第一件事。在那次革命以前，人民都是做皇帝的奴隶，无论什么事都要听皇帝的话；到了民国成立，便是以民为主的世界，人民便变成了主人，皇帝变成了奴仆。在这个民国时代，本来没有皇帝，最大的官是大总统和国务总理，以下就是各部总长、各省省长以及各县县长。这些官吏从前都是在人民之上，今日便在人民之下。大家知道现在民国没有皇帝，究竟是什么人做皇帝呢？从前是一人做皇帝，现在是四万万人作主，就是四万万人做皇帝。换句话说，就是在帝国时代只有一个人做皇帝，到民国时代这四万万人都是皇帝。这就叫做以民为主，这就是实行民权。这些事实，中国几千年来虽然没有见过，但是老早便有了这种理想。譬如孔子说："天下为公。"又有人说："天下者，是天下人之天下也。"就是这种理想。我们革命党要实行三民主义，也就是这个意思。

三民主义是什么呢？就是民族主义、民权主义和民生主义。民族主义是对外国人用的，不许外国人来治中国，做中国的皇帝；要我们中国人来治中国，自己管理自己。革命党从前推翻满清，就是实行民族主义。但是满清推翻之后，还是要受外国人的欺负。我们实行民族主义，推翻满清，虽然脱离了满清的奴隶，但是还要做外国人的奴隶，所以民族主义还没有完全成功。推翻满清，只可算作一半的成功；其余一半，就是受列强的压迫。列强到现在还要压迫中国的原因，就是由于从前满清和他们立了条约，那些条约放在外国，就是把我们的身契押去外国，把我们的权利都送过外国人去了一样。那些条约就是通商条约，所以满清与外国的通商条约就可以说是我们的卖身契，所以我们到了今日还要受外国的压迫。我们实行民族主义，已经推翻满清，虽然是一半成功，以后还要废除我们的卖身契，不做各国人的奴隶，那才算民族主义是完全成功。

讲到民权主义，我们推翻满清之后，创成民国，虽然是以民为主，但是不久又生出许多督军、省长。那些督军、省长都是满清留下来的旧官僚，他们的思想，只知道有皇帝，所以他们做事的专制，还是要实行皇帝的职权。因为这个原因，所以民国到今日虽然有了十三年，民权还是不能够实行。我们要把民权主义完全达到目的，所以还要希望大家同心协力来奋斗。民族主义是用来对国外列强来奋斗的，民权主义是用来对国内强权来奋斗的。

至于第三个，民生主义，是对谁来奋斗的呢？是要各人自己发奋，自己谋生活，自己来造成自己的世界。革命党为民族、民权两个主义奋斗了十三年，民生主义十三年来总没有理过。说到结果，民族主义只有一半成功，民权主义到今日还觉得是失败；因为民权、民族两个主义还没有成功，民生主义更是没有工夫去做。

今日开这个农民联欢大会，这是革命党和农民的第一次见面。我们大家见面之后，要做些什么事呢？就是从今日起，要实行民生主义。民生主义如果能够实行，人民才能够享幸福，才是真正以民为主；民生主义若是不能实行，民权主义不过是一句空话。民生主义能不能够实行的责任，就在大家农民的身上。所以今日开这个农民联欢会，革命党与农民第一次见面来讲话，就要大家来实行民生主义。什么是民生主义呢？民生主义，就是要人人有平等的地位去谋生活；人人有了平等的地位去谋生活，然后中国四万万人才可以享幸福。所以今日的这个大会，要大家合力来实行民生主义，就是要大家合力来谋幸福。

大家知道，今日中国是以民为主的，我们要为人民谋幸福，便要为大多数人谋幸福。中国的人民是以哪种人为最多呢？刚才主席讲，农民的总数在人民里头占有百分之八九十，是占极大多数。就是一百个人里头，就有八九十个人是农民。中国几千年来立国，大多数的人都是农民。现在的农民是怎么样呢？一般农民所处的境遇，都是最艰难和最痛苦的，没有幸福之可言。如果现在还没有觉悟，还不与政府联络来实行民生主义，就永远没有幸福。现在农民何以最艰难和最痛苦呢？因为在满清的时候，政府不准农民有团结，如果结成团体，便有抄家灭族的危险，所以农民向来没有联络，像一片散沙一样；就是到今日，还是不知道联络，还是没有团体。现在政府帮助农民，提倡农民结团体，农民如果利用政府的帮助去实行结团体，就可以恢复自己的地位，谋自己的幸福。

你们农民所受的艰难痛苦是什么情形呢？大家想想，一年辛苦到晚，该是担了多少水旱天灾的忧，受了多少风雨寒热，费了多少的血汗劳动，才收获若干谷米。或者在谷米没有收成之先，当青黄不接的时候，急于要借钱度日；或者是已经收成之后，急于要钱完粮纳租，都不能不卖谷米，用极平的价出卖。商人用极平的价买得谷米之后，一转手之劳，便用极高的价再行发卖；中间一买一卖，赚很多的钱，都不关你们农民的事。而且你们所耕着的田，大多数都是租来的，租钱又贵。所以你们每年辛辛苦苦得来的钱，都是为商人和田主空劳动的。至于你们所用的衣服器具，更要用很高的价，花很多的钱，才能够买到手。你们这种生活，凡是买进的衣服器具，都要用很高的价，花很多的钱；卖出的谷米，只照很低的价，得很少的钱。这就是受经济的压迫。因为受了很大的经济压迫，所以你们农民是很穷，所处的地位亦是很低。原来全国人民都是靠农民来吃饭的，农民一日不卖谷米，全国人便一日没有饭吃，所以你们的地位实在是很重要的。不过因为大家没有团体，自己固有的利益都没力量保守住，无形之中都是被人抢去了，所以自己便吃亏，要受种种痛苦。

我们革命党是建立民国的人，实行三民主义，今日第一件事便留心到农民，便是要救济这种农民的痛苦，要把农民的地位提高，并且要把农民在从前所受官吏和商人的痛苦，都要消除。我们要做成这件事，根本上是要农民自己先有觉悟，自己知道自己的地位是重要的，要有这个思想，然后大家才能够联络起来。

联络的方法，先要一村与别村联络，一乡与别乡联络，一县与别县联络，以至于一省的农民都能够联络起来。广东全省的人民有三千万，如果说八成是农民，就有二千四百万人是农民，只有六百万人是别种人。中国现在是民国，要成真民国，是要多数人能够讲话的。多数农民如果能够结成大团体，就有力量可以讲话。不过在这十三年以来，多数农民都是自己放弃这种权利，不知道争回自己的地位，不知道自己是主人翁，还以为像从前满清一样，自己还是奴隶。今日开这个会，就是要大家醒起来，知道这十三年以来，自己不是奴隶，是主人翁。要能够做主人翁，便要大家联络起来。大家联络之后，有了大团体，便能够讲话。

你们知道，现在学生有学生会，商人有商会，工人有工团，只有你们农民没有团体，所以你们这类的人数虽然是很多，反要受少数人的压制。少数人之所以能够压制多数人，就是因为他们的团体很坚固，武器很精良。譬如广州市的商团，人数虽然不大多，但是有好枪，所以能够压制人。农民既然是大多数，自己又是主人，便不应该受人压制。因为多数农民都不明白这个道理，所以要做人的奴隶，正所谓是自寻烦恼。本党今日开这个农民联欢会的目的，就是在提醒你们农民，要你们回乡之后更提醒大众，大众都联络起来，结成团体，便可以不致做人的奴隶。农民如果能够做这件事，政府一定帮助进行，先从此村与彼村联络，再推到此乡与彼乡联络、此县与彼县联络。不到一年，就可以推广到全省的农民都联络起来，成一个二千四百万人的大团体。有了这样大的团体，那么从前被人抢去了的利益，便可以争回来；若争不回来，或者被人压迫，便可以设法来自卫，或者是抵制。好像现在广州的商人便有商会，组织商团军，有很精利的枪支可以自卫；工人便有工会，如果受人家的压迫，便全体罢工去抵制。这次沙面的工人罢工，是什么原因呢？沙面本来是中国的土地，是满清送到外国人的，外国人设立种种苛例来压迫中国的工人，工人便全体罢工去抵制。你们大家都知道，中国向来是怕外国人的，凡是中外发生了交涉，中国人总不敢讲话；但是这次沙面的工人抵制他们，因为有很坚固的团体，所以遇到外国人发生苛例，全体罢工要求列强来取消。列强因为看见工人是很坚固的团体，所以不敢再压迫，便要同工人来讲和。由此可见工人要有团体，才可以保护自己。你们各乡农民，向来不知结团体、练农团军来自卫，所以总是被人欺负。如果要以后不被人欺负，便要从今日起结成团体，挑选各家的壮丁来练农民自卫军。你们能够这样进行，政府还可以从中帮助，用极低的价卖枪给你们。你们有了枪，练成了很好的农民自卫军，便是中国第一等的主人翁，能讲很有力的话。人民在国家里头要想讲话，先就要负一种责任；要尽国家的责任，就要和政府联络；和政府联络之后，就不致被商人和工人欺负。从前因为不知道和政府联络，所以被商人和工人欺负。今日本党开这个会，就是提醒你们，想用政府帮助你们大联络起来，占一个头等地位，做一个说话有力的主人翁。如果你们在各村、各县都联络了之后，政府还有新方法来指导，要你们每年收获的谷米不致被人侵夺，不致受商人、工人的欺负，有种种大利益。要达这种大目的，就要农民同政府合作。农民同政府合作之后，便可以一致实行民生主义，为大众谋幸福。

大家知道，民国是要人人得安乐的，中国的农民向来都是痛苦。今日开这个农民联欢会，是中国政府同农民见面的第一次，是政府为农民谋幸福的第一日，为农民争利益的第一日。你们到这个会的人，知道了办法，回去乡村之后，第一步奋斗的工夫是要大家联络，结成真团体。大家做到第一步的工夫，有了好团体之后，才可以做第二步的工夫。第二步工夫是什么呢？就是为农民争利益。但是第一步工夫如果没有做好，决不能够乱说就要做第二步工夫。先要把第一步工夫谨慎去做，做好了之后，然后举代表来报告政府，再来开大会，政府便教你们做第二步工夫。倘若你们不谨慎，在第一步工夫没有做好之先，便说商人赚你们的钱，去抵制商人，商人决不准你们去联合。或者你们以为田主收你们的租钱太贵，便要抵制田主，或是抢田主的钱，田主也是不准你们联合的。所以你们要先组织团体，以后才可以争利益。若是真有二千四百万人的一个大团体，不待你们来争，无论什么人都要给你们以大利益。如果先不联络团体便要去争利益，就像俗话说"未学行先学走"，一定是有祸害的，以后田主、商人等更要压制你们。所以今日这个联欢会，关系你们的身家性命，关系你们的祸福。你们做得成功，就要受很大的福；做不成功，就要受很大的祸。这是你们农民不可不谨慎的。

今日这个农民联欢会，在中国是破天荒的第一件事。我们做这个第一件事，很要得一个很好的结果；要得一个很好的结果，就要大家去奋斗。大家能够奋斗，就可以成大功！

北伐宣言

（一九二四年九月十八日）

国民革命之目的，在造成独立自由之国家，以拥护国家及民众之利益。辛亥之役，推倒君主专制政体暨满洲征服阶级，本已得所借手，以从事于目的之贯彻。假使吾党当时能根据于国家及民众之利益，以肃清反革命势力，则十三年来政治根本当已确定，国民经济、教育荦荦诸端当已积极进行。革命之目的纵未能完全达到，然不失正鹄，以日跻于光明，则有断然者。

原夫反革命之发生，实继承专制时代之思想，对内牺牲民众利益，对外牺牲国家利益，以保持其过去时代之地位。观于袁世凯之称帝，张勋之复辟，冯国璋、徐世昌之毁法，曹锟、吴佩孚之窃位盗国，十三年来连属不绝，可知其分子虽有新陈代谢，而其传统思想则始终如一。此等反革命之恶势力，以北京为巢窟，而流毒被于各省。间有号称为革命分子，而其根本思想初非根据于国家及民众之利益者，则往往志操不定，受其吸引，与之同腐，以酿成今日分崩离析之局。此其可为太息痛恨者矣！

反革命之恶势力所以存在，实由帝国主义卵翼之使然。证之民国二年之际，袁世凯将欲摧残革命党以遂其帝制自为之欲，则有五国银行团大借款于此时成立，以二万万五千万元供其战费。自是厥后，历冯国璋、徐世昌诸人，凡一度用兵于国内以摧残异己，则必有一度之大借款以资其挥霍。及乎最近曹锟、吴佩孚加兵于东南，则久悬不决之金佛郎案即决定成立。由此种种，可知十三年来之战祸，直接受自军阀，间接受自帝国主义，明明白白，无可疑者。

今者，浙江友军为反抗曹锟、吴佩孚而战，奉天亦将出于同样之决心与行动，革命政府已下明令出师北向，与天下共讨曹锟、吴佩孚诸贼。于此有当郑重为国民告且为友军告者：此战之目的不在覆灭曹吴，尤在曹吴覆灭之后永无同样继起之人，以持续反对革命之恶势；换言之，此战之目的不仅在推倒军阀，尤在推倒军阀所赖以生存之帝国主义。盖必如是，然后反革命之根株乃得永绝，中国乃能脱离次殖民地之地位，以造成自由独立之国家也。

中国国民党之最终目的在于三民主义，本党之职任即为实行主义而奋斗。故敢谨告于国民及友军曰：吾人颠覆军阀之后，必将要求现时必需之各种具体条件之实现，以为实行最终目的三民主义之初步。此次爆发之国内战争，本党因反对军阀而参加之，其职任首在战胜之后，以革命政府之权力扫荡反革命之恶势力，使人民得解放而谋自治；尤在对外代表国家利益，要求从新审订一切不平等之条约，即取消此等条约中所定之一切特权，而重订双方平等互尊主权之条约，以消灭帝国主义在中国之势力。盖必先令中国出此不平等之国际地位，然后下列之具体目的方有实现之可能也。

（一）中国蹈于国际平等地位以后，国民经济及一切生产力方得充分发展。

（二）实业之发展，使农村经济得以改良，而劳动农民之生计有改善之可能。

（三）生产力之充分发展，使工人阶级之生活状况，得因其团结力之增长而有改善之机会。

（四）农工业之发达，使人民之购买力增加，商业始有繁盛之动机。

（五）文化及教育等问题，至此方不落于空谈。俾经济之发展使知识能力之需要日增，而国家富力之增殖，可使文化事业及教育之经费易于筹措；一切知识阶级之失学问题、失业问题，方有解决之端绪。

（六）中国之法律，更因不平等条约之废除，而能普及于全国领土，实行于一切租界，然后阴谋破坏之反革命势力无所凭借。

凡此一切，当能造成巩固之经济基础，以统一全国，实现真正之民权制度，以谋平民群众之幸福。故国民处此战争之时，尤宜急起而反抗军阀，求此最少限度之政纲实现，以为实行三民主义之第一步。

中华民国十三年九月十八日

最后一年

1924 - 1925

余年已五十九岁
虽死亦可安心矣

制定《建国大纲》宣言

（一九二四年九月二十四日）

自辛亥革命以至于今日，所获得者仅中华民国之名。国家利益方面，既未能使中国进于国际平等地位。国民利益方面，则政治经济荦荦诸端无所进步，而分崩离析之祸，且与日俱深。穷其至此之由，与所以救济之道，诚今日当务之急也。大革命之目的，在于实行三民主义。而三民主义之实行，必有其方法与步骤。三民主义能及影响于人民，俾人民蒙其幸福与否，均在其实行之方法与步骤如何。

文有见于此，故于辛亥革命以前，一方面提倡三民主义，一方面规定实行主义之方法与步骤。分革命建设为军政、训政、宪政三时期。期于循序渐进，以完成革命之工作。辛亥革命以前，每起一次革命，即以主义与建设程序宣布于天下，以期同志暨国民之相与了解。辛亥之役，数月以内即推倒四千余年之君主专制政体，暨二百六十余年之满洲征服阶级，其破坏之力不可谓不巨。然至于今日，三民主义之实行犹茫乎未有端绪者，则以破坏之后，初未尝依预定之程序以为建设也。

盖不经军政时代，则反革命之势力无由扫荡。而革命之主义亦无由宣传于群众，以得其同情与信仰。不经训政时代，则大多数之人民久经束缚，虽骤被解放，初不了知其活动之方式，非墨守其放弃责任之故习，即为人利用陷于反革命而不自知。前者之大病在革命之破坏不能了彻，后者之大病，在革命之建设不能进行。

辛亥之役，汲汲于制定《临时约法》，以为可以为民国之基础，而不知乃适得其反。论者见《临时约法》施行之后，不能有益于民国，甚至并《临时约法》之本身效力，亦已消失无余，则纷纷然议《临时约法》之未善，且斤斤然从事于宪法之制定，以为藉此可以救《临时约法》之穷。曾不知症结所在，非由于《临时约法》之未善，乃由于未经军政、训政两时期，而即入于宪政。试观元年《临时约法》颁布以后，反革命之势力，不惟不因以消灭，反得凭借之以肆其恶，终且取《临时约法》而毁之。而大多数人民对于《临时约法》，初未曾计及于本身利害何若？闻有毁法者不加怒，闻有护法者亦不加喜。可知未经军政、训政两时期，《临时约法》决不能发生效力。

夫元年以后，所恃以维持民国者，惟有《临时约法》。而《临时约法》之无效如此，则纲纪荡然，祸乱相等，又何足怪。本政府有鉴于此，以为今后之革命，当赓续辛亥未完之绪，而力矫其失。即今后之革命，不但当用力于破坏，尤当用力于建设，且当规定其不可逾越之程序。

爰本此意，制定《国民政府建国大纲》二十五条，以为今后革命之典型。建国大纲第一条至第四条，宣布革命之主义及其内容。第五条以下，则为实行之方法与步骤。其在第六、七两条，标明军政时期之宗旨，务扫除反革命之势力，宣传革命之主义。其在第八条至第十八条标明训政时期之宗旨，务指导人民从事于革命建设之进行。

先以县为自治之单位，于一县之内，努力于除旧布新，以深植人民权力之基本，然后扩而充之，以及于省。如是则所谓自治，始为真正之人民自治，异于伪托自治之名，以行其割据之实者。而地方自治已成，则国家组织始臻完密，人民亦可本其地方上之政治训练以与闻国政矣。其在第十九条以下，则由训政遁嬗于宪政所必备之条件与程序。

综括言之，则建国大纲者，以扫除障碍为开始。以完成建设为依归，所谓本末先后，秩然不紊者也。夫革命为非常之破坏，故不可无非常之建设以继之。积十三年痛苦之经验，当知所谓人民权利与人民幸福，当务其实，不当徒袭其名。倘能依建国大纲以行，则军政时期已能肃清反侧。训政时代，已能扶植民治。虽无宪政之名，而人民所得权利与幸福，已非借口宪法而行专政者 所可同日而语。且由此以至宪政时期，所历者皆为坦途，无颠蹶之虑；为民国计，为国民计，莫善于此。

本政府郑重宣布：今后革命势力所及之地，凡承本政府之号令者，即当以实行建国大纲为唯一之职任。

致蒋介石函五件

(一九二四年十月)

十月三日函

介石兄鉴：

　　闻仲恺说，械船到时，拟在金星门内起卸，以避耳目。我以为不必如此。若为避人耳目计，则金星门大大不相宜。因金星门之对面即泠汀关，该关有望楼，有缉艇，凡到金星门附近之船，无不一目了然，实在不能避而反露。我门欲规避之心，示人以弱，恐反招英舰之干涉，因英舰已视此等海面为其范围，此一不可也。且金星门外年年淤浅，此时之水路当较数年前海图必差数尺，恐致搁浅，此二不可也。又在该处盘运实花费太多，又恐小艇有遇风雨、盗贼之危险，此三不可也。究不如直来黄埔，公然起卸为妙。而以此为一试验，若英国干涉，我至少可以得此批到手，而不必再望后日；如不干涉，则我安心以策将来。若往他处起卸，恐此批亦不可得也。

孙文

十月九日函

　　革命委员会当要马上成立，以对付种种非常之事。汉民、精卫不加入，未尝不可。盖今日革命非学俄国不可，而汉民已失此信仰，当然不应加入，于事乃为有济；若必加入，反多妨碍，而两失其用，此固不容客气也。精卫本亦非俄派之革命，不加入亦可。我党今后之革命，非以俄为师，断无成就。而汉民、精卫恐皆不能降心相从。且二人性质俱长于调和现状，不长于彻底解决。现在之不生不死局面，有此二人当易于维持，若另开新局，非彼之长。故只好各用所长，则两有裨益，若混合做之，则必两无所成。所以现在局面由汉民、精卫维持调护之，若至维持不住，一旦至于崩溃，当出快刀斩乱麻，成败有所不计。今之革命委员会，则为筹备以出此种手段，此固非汉民、精卫之所宜也。故当分途以做事，不宜拖泥带水以敷衍也。此复。

　　再明日果有罢市之事，则必当火速将黄埔所有械弹运韶，再图办法。如无罢市，则先运我货前来，商械当必照所定条件分交各户可也。若兄烦于保管，可运至兵工厂或河南行营暂存俱可。即候毅安。

孙文

十月九日

175

十月十一日函

介石兄鉴:

新到之武器,当用以练一支决死之革命军,其兵员当向广东之农团、工团并各省之坚心革命同志招集,用黄埔学生为骨干,练兵场在韶关。故望兄照前令办理,将武器速运来韶,以免意外,至要至要!此意请转知鲍顾问,并请他向各专门家代筹妥善计划,及招致特种兵之人才为荷。

文

十月十一日

十月十二日函

介石兄鉴:

运械来韶,如不能立办到,则其次为分给我同志中之队伍,肯为我杀奸杀贼者(此指官长与士兵皆一致者而言)。请兄与汝为细查其各部,何部有此决心,不为奸商所摇动者。如有则合集之,要兄与汝为对彼众要约立决死之誓,必尽灭省中之奸兵奸商,以维持革命之地盘。此事当要部队一万人以上,上下一心。又要汝为先有决心,毫无犹豫,负完全责任为我一干,便可将黄埔之械悉数给之,立即起义杀贼,绝无反顾。如汝为不能决断,则无论如何艰难危险,仍将械运来韶关,以练我之卫队。此事可与汝兄切实磋商,立即决断施行为要。

商团之七九弹，则运来北伐之用可也。

孙文

中华民国十三年十月十二日

十月二十三日函

介石兄鉴：

今早收到专人带来之信，匆匆作答，赶车寄回，尚有未尽之话。

兄言两月内可练一支劲旅，如现时已经开始训练，则不必移训练地到韶，因迁移费时，则两月断难成就。果期两月可用，则就现地加工便可。又所练之队为数几何，五千乎？抑八千乎？如是五千，则所余之三千枪，必要即日运韶，以利北伐。因赵成梁部在韶已练就徒手兵数千，彼要求加枪二千，必即日北伐，不求出发费。李国柱（湖南最热心之革命同志）亦需步枪一千，令他编入朱培德部内。如此则赵成梁一部有枪四千，朱培德一部有枪四千，湘军有枪万二千，此三部共枪二万（其他不计），向江西进取，未有不成功也。江西得后，则湖南不成问题。然后再合滇唐、川熊、黔袁会师武汉，以窥中原，曹吴不足平也。

兄之新军，两月练好之后，立调来韶，听我差遣。若西南局面日有发展，当先巩固西南，然后再图西北。且最好能由西南打开一联络西北之交通线，如陕甘等地，则西北之经营乃容易入手。盖西北所欠者在人，如无捷径可通，专靠绕道海外，殊属艰难也。

三千枪能速运来否？切望即答。

孙文

在黄埔军官学校的告别演说（节选）

（一九二四年十一月三日）

诸君：

　　诸君今天在这地听讲的，有文学生，又有武学生。我今天到黄埔来讲话，是暂时和黄埔的学生辞别。辞别的原因，就是因为我要到北京去。这回北京事变没有发生以前的五六个月，便有几位同志从北京来许多信，催我先到天津去等候，说不久他们便可在北京发起中央革命。筹划这回事变的人数很少，真是本党同志的不上十个人。他们的见解，以为本党革命二十多年，总是不成功，就是辛亥年推翻满清，成立民国，还不算是本党的主张完全成功。推究此中原因，就是由于从前革命，都是在各省，效力很小，要在首都革命，那个效力才大。所以 他们在二三年前，便在北京宣传主义，布置一切。到五六个月以前，便来了一个很详细的报告，说进行的成绩很好，军人表同情的很多，应该集合各省有力的同志，在北京附近进行，只要几个月便可成功。当时各省有力的同志，都是在本省奋斗，没有人能够到北京附近去进行，而且当时北京表面很安宁，一讲到首都革命，在几个月之后便可成功，真是没有一个人敢信。就是我自己也看到很渺茫，也不敢相信。……

…………

中国革命之所以失败，是误于错解平等、自由。革命本来是政治事业。如果当军人的说不懂政治，又好比是常人说不懂食饭、穿衣、睡觉一样。食饭、穿衣、睡觉，都是做人的常事，是人人应该有的事，试问一个人可不可以不知道做人的常事呢？无论哪一个人，都是应该要知道做人的常事的。大家都能够知道做人的常事，就是政治。大家能够公共团结起来做人，便是在政治上有本领的人民；有本领的人民，组织成强有力的国家，便是列强；没有本领的人民所组织的国家，便是弱小。弱小都是被列强压迫的。……

…………

……我今天到此地讲话，是要离开广东北上，临别赠言。没有别的话，就是要大家拿出本钱来，牺牲自己的平等、自由，更把自己的聪明才力，都贡献到党内来革命，来为全党奋斗。大家能够不负我的希望，革命便可以指日成功。

与蒋中正的谈话

（一九二四年十一月十三日）

余此次赴京，明知其异常危险，将来能否归来尚不一定。然余之北上，是为革命，是为救国救民而奋斗，又何危险之可言耶？况余年已五十九岁，虽死亦可安心矣！

（蒋：先生今日何突作此言耶？）

余盖有所感而言也。余所提倡之主义，冀能早日实行，今观黄埔军校学生，能忍苦耐劳，努力奋斗如此，必能继吾之革命事业，必能继续我之生命，实行我之主义。凡人总有一死，只要死得其所。若二三年前，余即不能死；今有学生诸君，可完成吾未竟之志，则可以死矣！

在上海新闻记者招待会的演说

（一九二四年十一月十九日）

诸君：

　　兄弟向来是主张和平统一的人，曹锟、吴佩孚都是主张武力统一的人。这回曹吴的武力统一，被国民军推翻了，兄弟以为到了讲和平统一的机会，所以离开西南到上海来。兄弟这次到西南有二年之久，虽然因种种障碍未有成就，但是对于反对曹吴的武力统一，很有计划，很有筹备。近来筹备将及成功，忽然遇到国民军推翻曹吴，我在西南所做的两年工夫可以不用，所筹备反对武力的计划可以放弃；不但是放弃反对武力的计划，并且放弃西南的地盘，单骑来上海，再过几日就往北京。这次单骑到北京，就是以极诚恳的意思，去同全国人民谋和平统一。至于要达到这个目的，还要有办法。这个办法的头一步，就要靠报界诸君鼓吹，来指导民众。

　　现在中国号称民国，要名符其实，必要这个国家真是以人民为主，要人民都能够讲话，的确是有发言权。像这个情形，才是真民国；如果不然，就是假民国。我们中国以前十三年，徒有民国之名，毫无民国之实，实在是一个假民国。这两三年来，曹吴更想用武力来征服民众、统一中国，他们这种妄想，到近日便完全失败。这个失败事实发生了之后，就是我们人民讲话的极好机会。我们人民应该不可错过这个机会，放弃这种权利；若是我们放弃这种权利，便难怪他们武人讲话，霸占这种权利。我这次决心到北方去，就是想不失去这个机会。至于所有的办法，已经在宣言中发表过了。大概讲起来，是要开一个国民会议，用全国已成的团体做基础，派出代表来共同组织会议，在会议席上公开的来解决全国大事。说到中国人数，向来都是号称四万万，但是真正户口册总没有调查清楚。如果用的确人数做基础，不是短时间办得到的事；在短时间内办不到，便失去了这个机会。我们国民若还要失去这个机会，还不讲话，便是放弃主人翁的权利，以后再没有机会便不能怪别人了。我从前因为没有这个机会，所以筹谋计划，反抗武力，来造成这个机会。现在已经得到了这个机会，从前的筹谋都没有用处，所以抛弃一切，亲到上海来同诸君相见。

今天在这地同诸君讲话，是用人民的资格，是处于国民的地位。你们报界诸君，在野指导社会，也是一样。诸君都是先觉先知，应该以先知觉后知，以先觉觉后觉，尽自己的能力为国民的向导。我主张组织国民会议的团体，已经列入宣言之中的，一共有九种。这九种团体都是现在已经有了的大团体，另外没有列入的团体还是很多，譬如新闻界的团体便没有列入。现在各处新闻界的团体，内容、组织是不是完全，还要诸君仔细去调查；如果调查之后，认定是很完全，当然可以参加会议，讨论一切大问题。但是不管新闻界是不是参加会议，都负得有指导民众的责任，都要竭力宣传，令民众知道自己的地位，中国现在要和平统一的重要，以尽自己的责任。诸君此刻宣传国民会议，或者一时未能普遍传入全国民众之中，但是可以传入有知识的各种大团体，好像学会、商会、教育会以及农团、工团一样。诸君在这个时期内来讲和平统一，是十三年以来一个最难得的机会。如果在这个机会还不讲话来推倒军阀，那么，这次北方事变便不能促成和平统一，或者要酿成大乱，也未可知。

我们在这个时机，要问是全国大乱的终结，还是和平统一的开始，就全靠我们国民。我们国民要想是和平统一，便应该万众一心，全国各团体都派出代表来加入国民会议，研究现在时局的弊病，讨论补救的方法。所有加入的团体，不论他是有没有军队，不管他是属于哪一界，都要照国民会议所决定的办法，服从国民会议的主张。

我所发表的宣言，要能够完全实行，固然需要种种筹备；但是要民众赞成国民会议，首先便要民众明白国民会议的性质和国民会议的力量。如果这个会议可以解决国家的纠纷，诸君在新闻界便应该竭力鼓吹这个会议，俾民众明白这个会议的性质、实行这个会议的办法。从前国会之所以没有用处，是由于根本上选举议员的方法太草率。当时只要愿意做人民代表的人，到各省四乡去运动，人民因为不知道国会的重大，便不问想做代表人的学问道德如何，便举他们做议员，成立第一次国会。从前国会因为议员的本体不好，复受外界武力的压迫，所以在当时总是不能行使职权。后来北方政府毁法，解散国会，国会更是没有用处。西南政府护法，在广州、四川召集国会，以维法统而与武力相持。前年曹吴也赞成护法，召集议员到北京开会。但是那些议员总是不组〔顾〕民利，只顾私利，到北京之后，不做别事，只要有钱，便去卖身，造成曹锟的贿选。现在全国国民对于那般议员完全失望，要解决国事，便不能靠那些议员，要靠我们国民自己。所以我才发起这个会议，要人民明白国家现在的地位，知道政治和人民利害的关系，用正派分子来维持中华民国。

我们现在组织这个团体，普通人或者疑惑有力量的人不赞成，没有力量的人徒托空言。殊不知我既是发起这个会议，自然要担负这个责任，对于有力量的人一定要他们赞成这个会议的主张；若是他们不赞成，我就明告于天下，说他们是以暴易暴。现在中国既是定名为民国，总要以人民为主，要让人民来讲话。如果是帝国，才让他们去讲话。假若一天不改国号，他们一天总要听人民的话。那些有十万或者二十万兵的人，我们不能把他当作特别伟人，只可以当作国民守门的巡捕。譬如我的门口，现在有两个持枪的巡捕来保护我家。上海凡是有钱的人，或者是在各省做过了大官的，都用有巡捕守门。那些守门的巡捕都是有枪阶级，那些主人只能在物质上多给钱，决不能够让那些巡捕来管家事，反对主人。照道理讲，那些有大兵权的人，所有的任务就是和守门的巡捕一样，不能以为他们是有枪阶级，我们主人便放弃权利，连家中大事也让他们来管。他们这次推翻曹锟、吴佩孚，固然是很有功劳，我们只可以在会议之中特别设法酬谢，不能说会议的经国大事便由他们把持。他们在带兵的时候，一方面是军人，但是在不带兵的时候，一方面还是国民。用国民的资格，在会议席上本来可以讲话。如果用军人的资格，在会议席上专横，不让大家公平讨论，我便马上出京，请他们直捷了当去做皇帝。带兵的人，只可以看作巡捕，不能看作皇帝。

若是他们自己真要看作皇帝，这次会议开不成，国事还不能解决，中国还不能和平统一，那么，国家的大事只可以暂时让他们去胡行乱为。这次推翻曹吴，他们极有功劳，我们国民不讲话，他们当然可以讲话。不过他们推翻了大武人，还更有小武人发生；大武人要做皇帝，小武人当然可以称霸。所谓"大者王小者侯"，以后中国的乱事当更没有止境，国民的痛苦更不能解除。我们要现在解除国民的痛苦，以止中国的乱源，便要大家集合各团体，组织大机关，来对武人讲话，求一个和平解决的办法。若是武人还执迷不悟，我们国民只可以宣布他们的横暴，等他们武人再互相推翻，或者总有觉悟之一日。这次北方的事变，是武人推翻武人，有大兵权的人也可以打破，足见武人不足恃。有了这回事变，一般野心家看见了，或者可以敛迹。但是要我们力争，他们才敛迹。如果目前无人力争，他们便不顾是非，为所欲为，以后的乱事便不知道要到一个什么地步了！

有了这次北方事变发生之后，究竟能不能够收束？以后中国究竟是治或者是乱？究竟是和平的开始，或者是大乱的开始？没有别的办法可以决定，只有开国民会议，用大家来解决之一法。若是专由武人去解决，便由他们彼此瓜分防地，争端没有止境，好比从前的督军团会议，各武人分争巡阅使一样。至于收束目前的军事，全国军队如何改编、如何遣散、如何化兵为工来开路，那都是将来会议中的条目。现在所应该注重的大纲，一共只有两点：第一点是国内人民的生活，究竟要用什么方法可以救济；第二点是中国受外国的种种压迫，究竟要用什么方法可以挽救。

就第一点说，大家常听得说中国有四万万人，但照我按最近各国科学家同宗教家对于中国人口精确的调查，前二年只有三万万一千万，去年不足三万万。在从前，各国教士同科学家调查中国人口，确有四万万。何以从前的人数有四万万多，近年便减少到三万万一千万，到去年便更形减少，连三万万的数目也是不足呢？何以在这十几年中便减少了一万万，在前年一年之中便减少一千多万呢？我们人口这样减少，真是可惊可怕！这样可惊可怕的事，是受什么大影响呢？依我看起来，最大的影响是受国内的变乱。以后乱是再不停止，全国人口当更要减少，推到极端，真有亡国灭种之忧。这就是民生主义中的一个大问题。我们要中国前途不至亡国灭种，便要赶快解决这种民生问题。中国近来人口死亡，不止是在战争。在战场中死亡的人数最多不过十万，其余大多数的死亡，都是在战场附近冻死饿死，或受其他各种兵灾的影响，生活不遂而死。我们要和平统一，防止乱源就是救亡的最重要问题。

就第二点说，是对外问题。中国从和外国通商以来，便立了许多条约，那些条约中所载的极不平等。现在中国已失去国际上的平等自由，已经不是一个完全独立的国家。一般人都说是一个半殖民地，依我看，中国还赶不上半殖民地！好比高丽是日本的殖民地，菲利宾是美国的殖民地，中国若是半殖民地，照道理上讲起来，中国比较高丽、安南和菲利宾所受待遇当然好些。但事实上是怎样呢？高丽做日本的殖民地，高丽所奉承的主人只有一个日本；日本做高丽的主人，所得到的权利固然是很大，但是所尽的义务也不少。如果高丽有了水旱天灾，日本设尽种种方法去赈济，常常费到几百万，日本人都自以为是应该做的事。至于美国之待菲利宾，不但是急时赈济灾害，平时并且费很多的人工、金钱，办理教育、交通和一切善政。中国平时要改良社会，急时要赈济水旱天灾，有什么人来尽义务呢？只有几位传教的慈善家，本悲天悯人的心理来救济；如果费了几十万，便到处宣传，视为莫大的功德。而且高丽和菲利宾所奉承的主人都只有一国的人，做奴隶的要得到一国主人的欢心，当然很容易。中国现在所奉承的主人有十几国，如果专得英国人的欢心，美国、日本和其他各国人便不喜欢；若是专得日本和美国人的欢心，英国和其他各国人便不喜欢。正是俗话所说："顺得姑来失嫂意。"要得到众主人的欢心，是很艰难的。

今日《大陆报》上发表了一篇论文，叫做《条约神圣》。这篇论文所以发表的原因，大概是由于我在吴淞登岸的时候，有一位日本新闻记者见我说："英国想抵制先生在上海登岸。"我说："上海是我们中国的领土，我是这个领土的主人，他们都是客人。主人行使职权，在这个领土之内，想要怎么样便可以怎么样。我登岸之后，住在租界之内，只要不犯租界中的普通条例，无论什么政治运动我都可以做。"那位日本记者昨日发表了我的这言论，所以该报今日便有这篇论文。大家知道，不平等的条约是什么东西呢？就是我们的卖身契！我这次到北京去，讲到对外问题，一定要主张废除中外一切不平等条约，收回海关、租界和领事裁判权。

废除国际间的不平等条约，东亚有两国已经行过了的，一个是日本，一个是暹罗。东亚只有两个完全独立的国家，就是日本、暹罗。日本、暹罗之所以能够完全独立，就是由于废除从前和外国所立的不平等条约。日本废除条约，是用兵威；暹罗国小，没有大武力，废除条约，是用公理向各国力争。所以国际间强大国家束缚弱小国家的不平等条约，是可以废除的，不是不能废除的，只看我们所用废除的方法是怎么样罢了。我们常常笑高丽、安南是亡国奴，他们都只有一国的主人，做一国的亡国奴；我们和许多国家立了不平等的条约，有十几个主人，做十几国的亡国奴。最近新发生了一个俄国，自动的废除了中俄一切不平等的条约，交回俄国从前在中国所得的特别权利，放弃主人的地位，不认我们是奴隶，认我们是朋友。除了俄国之外，还有德国、奥国也废除从前在中国所立的不平等条约，交回一切特别权利。德国、奥国都是欧战打败了的国家。

那些欧战打胜了的国家，见得打败了的国家还可以放弃中国的特别权利，为什么打胜了的国家不可放弃呢？他们因为研究到这个问题，自己问良心不过，所以便主张把从前束缚中国的不平等条约，要放松一点；因为研究放松条约的办法，所以才有华盛顿会议。但是他们一面会议，主张放松条约；又一面说中国常常内乱，不能随便实行，总是口头上的主张。外人在口头上放松束缚中国的条约，不是从今日起的。譬如庚子年北京起了义和团之后，各国联军打到北京，赶走中国政府，逼成城下之盟，外国人在北京为所欲为，立了许多不平等的条约。当时英国是世界上头一个强国，国内极文明，有许多人看到各国在中国太野蛮，太对中国不住，便出来讲公道话，主张要把英国所占的特别权利送回中国。英国政府在当时也赞成这种主张，但是又附带了一个条件，必须各国一致退回在中国所占的特别权利，然后英国才可以实行。所以英国一方面赞成那种公道的主张，又一方面使许多小国像西班牙、葡萄牙来反对，弄到结果，彼此推诿，至今不能实行。这还是二十年以前的事。外国人在二十年以前便有了这种动机，我们不争，他们自己自然是不管。中国一般普通人的心理，以为外国人废除不平等的条约，必须要中国有力量；如果中国一日没有力量，那些旧约便一日不能废除。这个道理，殊不尽然。要问外国能不能废除旧条约，就问我们有没有决心去力争，如果大家决心去力争，那些条约便可以废除。好像最近的华盛顿会议，外国人便主张放松；从前的凯马约契，外国人也主张实行，我们中国人都是不争，都是不要。假若全国国民一致要求，这种目的一定是可以达得到的。

中国现在祸乱的根本，就是在军阀和那援助军阀的帝国主义。我们这次来解决中国问题，在国民会议席上，第一点就要打破军阀，第二点就要打破援助军阀的帝国主义。打破了这两个东西，中国才可以和平统一，才可以长治久安。军阀的祸害是人人所深知的，至于帝国主义的祸害，在中国更是一言难尽。

譬如就通商而论，这本是两利的事，但是中外通商，每年进口货极多，出口货极少，进出口货总是不能抵销。据最近的海关报告，进口货要超过出口货五万万，这就是中国损失了五万万，换言之，就是中国由于通商，每年对于外国要进贡五万万。就我们所住的租界而论，租界是什么人的主权呢？都是归外国人管理的。中国人住在租界之内，每日纳税、买货以及缴种种保护费，又是多少钱呢？再就货物在中国内地销行的情形而论，外国货物入口，先抽百分之五的海关税，再运入内地，抽百分之二点五的厘金；抽过了百分之七点五之后的外国货物，无论运到什么地方去卖，都不必再抽税，都可以畅销。如果有中国货物由上海运到四川重庆去卖，先在上海要抽百分之五的海关税，以后经过镇江、南京、芜湖、安庆、九江、汉口、沙市、宜昌、夔府等处，总有十多处厘金关卡，每经过一个关卡就要抽一次的厘金。总算起来，经过这些关卡，商家该当纳多少税呢？中国商人因为要免除这种重税，所以许多商人便请一个外国人出面运货，说是外国的货物，每批货物只抽百分之七点五的税便可以了事。中国商人请外国人保护货物的这种举动，好比是请保镖一样。外国压迫中国，除利用经济势力来直接干涉以外，另外更用种种方法，间接来吸收中国人的钱。不过中国最大批的损失，还是进口货的五万万。我们受这样大的损失，在外国人美其名说是通商；就事实上论起来，何异强夺豪取！

更就洋布洋纱而论，当欧战的时候，本是中国商人最赚钱的生意，当时之所以赚钱，是由于洋货不能入口，没有洋货来竞争。我这次进吴淞口的时候，沿途看见纱厂布厂的烟筒，多是不出烟，我便奇怪起来，问那些由上海来接我的人。他们都说那些工厂在这几年中极亏本，早已停工。亏本的原因，是由于和洋纱洋布相竞争，在上海所做的布和纱都不能赚钱。当这个时候，假若海关是归我们中国人管理，我们便可以把进口的洋布洋纱抽重税；如果在中国所织的布每匹是值五元的，我们加抽洋布的税，便要弄到他每匹的价钱要高过五元，至少也要和中国布的价钱一样，然后中国布才可以同洋布相竞争。这种抽税的方法，是保护税法，是用来保护本国货物的。中国现在因为受国外压迫，不能行这种保护税法，所以上海纺出来的纱、织出来的布，便不能和洋布洋纱相竞争，便要亏本，纱厂便因此停工。工厂停工，工人自然是失业。当布纱生意极盛的时代，这种工厂在上海之内的工人至少有十万人，这十万人现在因为停工失业，谋生无路，总有多少是饿死的。那些饿死的工人，就是间接受了不平等条约和国际经济压迫的影响。

中国当革命之初，外国人不知道内情，以为中国人忽然知道共和，必然是程度很高，不可轻视，所以赞成中国统一。后来查得内情，知道中国的官僚军阀都是爱钱，不顾国家，所以便帮助军阀，借钱给军阀。军阀有了多钱，于是摧残民气，无恶不作。像袁世凯借到了大批外债，便杀革命党，做皇帝。吴佩孚借到了大批外债，便专用武力，压服民众。吴佩孚这次在山海关打败仗以后，退到天津，本是穷途末路，国民军本可以一网打尽，战事本可以结束，但是有某国人对吴佩孚说："长江是我们的势力，如果你再退到那里，我们帮助你，你还是很有希望。"所以吴佩孚才再退回长江。我说这些话，不是空造的，的确是有证据的。大家不信，只看前几个月某国人在香港的言论，大吹特吹，说"陈廉伯是华盛顿""广州不久便有法西斯蒂的政府发生"。他们总是在新闻纸上挑战，要商团打政府，说商团如果不打政府，政府便马上实行共产。最近更助陈廉伯在香港发行两百万元的债票，由他们的银行担保。像这种种举动，无非要延长中国内乱，他们才可以从中取利。像这样的帝国主义还不打倒，不但在北帮助吴佩孚，在南帮助陈廉伯，就是吴佩孚、陈廉伯以外的人都可帮助，中国的祸乱便永远没有止境。外国人初次打败中国、和中国通商以后，以为中国很野蛮，没有用处，想自己来瓜分中国。及遇义和团之变，中国人竟用肉体和外国相斗，外国虽用长枪大炮打败了中国，但是见得中国的民气还不可侮，以为外国就是一时用武力瓜分了中国，以后还不容易管理中国。所以现在便改变方针，想用中国人来瓜分中国，譬如在南方便利用陈廉伯，在北方便利用吴佩孚。

我们这次解决中国问题，为求一劳永逸起见，便同时断绝这两个祸根。这两个祸根，一个是军阀，一个是帝国主义。这两个东西和我们人民的福利是永远不能并立的。军阀现在已经被我们打破了，所残留的只有帝国主义。要打破这帝国主义，便要全国一致，在国民会议中去解决。诸君既是新闻记者，是国民发言的领袖，就一定要提倡国民会议。国民会议开得成，中国的乱事便可以终止；若是开不成，以后还要更乱，大乱便更无穷期。中国每次有大乱，我总是首当其冲。譬如从前的袁世凯，现在的吴佩孚，都是身拥雄兵、气盖一时的人，我总是身先国民，与他们对抗。这次推倒了吴佩孚，我也放弃两年的经营，只身往北方去，以为和平统一的先导。我这次往北方去，所主张的办法，一定是和他们的利益相冲突，大家可以料得我很有危险。但是我为救全国同胞、求和平统一、开国民会议去冒这种危险，大家做国民的人便应该做我的后盾。中国以后之能不能够统一，能不能够和平统一，就在这个国民会议能不能够开成。所以中国前途的一线生机，就在此一举。如果这个会议能够开得成，得一个圆满结果，真是和平统一，全国人民便可以享共和的幸福，我的三民主义便可以实行，中国便可以造成一个民有、民治、民享的国家。造成了这种国家，就是全国人民子子孙孙万世的幸福。我因为要担负这种责任，所以才主张国民会议。我今天招待诸位新闻记者，就是要借这个机会，请诸君分担这个责任，来赞成国民会议，鼓吹国民会议。

与长崎新闻记者的谈话

(一九二四年十一月二十三日)

新闻记者问：现在中国国事有全由段祺瑞处理之模样，确否？

中山先生答：有此趋势。

问：现在外国对中国有强硬共管之说，能否成为事实？

答：决不能成事实，因中国国民更有强硬之抵抗。共管中国之说，是外国人做梦！

问：谣传段祺瑞此次出山，向美国借款一万万，确否？

答：我不清楚。

问：我们看现在处理中国时局，必须有外国财政上之援助，然否？

答：我看不必。

问：先生对于中国财政，有无办法？

答：中国当有办法，不必借外债。中国经此次大变以后，处理国事，当全由国民全体讲话。日本人以后不要再误会解决中国大事，还是任何军人讲话，或者任何外国人讲话。我们这次来解决中国问题，对内是打破军阀，对外要打破列强的干涉，完全由中国国民作主。

问：先生这种意见，究竟能否实行？

答：当然可以实行。我从前革命，要推翻满清，一般日本人不相信有这个能力；近来革命，要推翻军阀，一般日本人也是不相信有这个能力。但是在辛亥年已经推翻了满清，最近又推翻了吴佩孚的军阀；更进一步，以后中国国民，当然有能力来解决全国一切大事。日本新闻记者对于中国国民的能力，应该有这种信仰，不可有丝毫的怀疑。这个信仰是根本信仰。倘若中国国民无统一之能力，东亚便要大乱不已，世界便不能和平。

问：先生要统一中国，是用什么方法呢？

答：第一步的方法，是开国民会议，由全体国民自动的去解决国事。

问：国民会议是怎么样组织呢？

答：已经由我的宣言发表过了。

问：外间宣传广东政府同俄国亲善，将来中国制度有改变没有呢？

答：中国革命的目的和俄国相同，俄国革命的目的也是和中国相同，中国同俄国革命都是走一条路。所以中国同俄国不只是亲善，照革命的关系，实在是一家。至于说到国家制度，中国有中国的制度，俄国有俄国的制度，因为中国同俄国的国情彼此向来不相同，所以制度也不能相同。

问：中国将来的制度是怎么样呢？

答：中国将来是三民主义和五权宪法的制度，可惜日本人还没有留心。

问：吴佩孚近来用兵，听说背后有英国援助，然否？

答：确有此事。

中山先生又曰：日本维新是中国革命的第一步，中国革命是日本维新的第二步，中国革命同日本维新实在是一个意义。可惜日本人维新之后得到了强盛，反忘却了中国革命之失败，所以中日感情日趋疏远。近来俄国革命成功，还不忘中国革命之失败，所以中国国民同俄国国民，因革命之奋斗，日加亲善。

关于民主政治与人民知识程度关系的谈话

（一九二四年十二月一日）

许多人以为中国不适用于民主政治，因为人民知识程度太低。我不信有这话，我认说这话的人还没有明白"权能"两字的意义。

要解释"权能"两字的意义，有一个譬喻在此：譬如坐汽车的与开汽车的，坐汽车的是主人，他有的是权，不必有能；他只要说得出要到的地方，就可以到要到的地方，不必知道汽车如何开法；开汽车的是雇员，他有的是能，他能摇动机关左右进退迟速行止，但是他并没有开到哪里的权。行使坐车人的权，取用开车人的能，汽车便很顺利地会到目的地了。

人民是民国的主人，他只要能指定出一个目标来，像坐汽车的一般。至于如何做去，自有有技能的各种专门人才在。所以，人民知识程度虽低，只要说得出"要到哪里"一句话来，就无害于民主政治。

入京宣言

（一九二四年十二月三十一日）

中华民国主人诸君：

兄弟此来，承诸君欢迎，实在感谢！

兄弟此来，不是为争地位，不是为争权利，是为特来与诸君救国的。十三年前，兄弟与诸君推翻满洲政府，为的是求中国人的自由平等。然而，中国人的自由平等已被满洲政府从不平等条约里卖与各国了，以致我们仍然处于次殖民地之地位。所以我们必要救国。

关于救国的道理很长，方法亦很多，成功也很容易，兄弟本想和诸君详细的说，如今因为抱病，只好留待病好再说。如今先谢诸君的盛意。

中华民国十三年十二月三十一日

孙文

又：同题异文

文此次来京，曾有宣言，非争地位权利，乃为救国。

十三年前，余负推倒满洲政府、使国民得享自由平等之责任，惟满清虽倒，而国民之自由平等早被其售与各国，故吾人今日仍处帝国主义各国殖民地之地位；因而吾人救国之责，尤不容缓。

至于救国之道多端，当向诸君缕述，惟今以抱恙，不得不稍俟异日。

中华民国十三年十二月三十一日

孙文

临终前的谈话

（一九二五年三月十一日）

我他无所惧，惟恐同志受内外势力的压迫，屈服与投降耳。

遗嘱

（一九二五年三月十一日）

余致力国民革命凡四十年，其目的在求中国之自由平等。积四十年之经验，深知欲达到此目的，必须唤起民众及联合世界上以平等待我之民族，共同奋斗。

现在革命尚未成功，凡我同志，务须依照余所著《建国方略》《建国大纲》《三民主义》及《第一次全国代表大会宣言》，继续努力，以求贯彻。最近主张开国民会议及废除不平等条约，尤须于最短期间促其实现。是所至嘱！

中华民国十四年二月二十四日

孙文　　　　　三月十一日补签

笔记者　汪精卫

证明者　宋子文　邵元冲　戴恩赛

　　　　孙　科　吴敬恒　何香凝

　　　　孔祥熙　戴季陶　邹　鲁

本书从孙中山全集中，精选51篇文字，包括信函、演说词、宣言、政论、遗嘱等，重要时间节点的文章优先选取。选文以时间为轴，从青年时代孙中山上书李鸿章痛陈时弊到建立革命党以至建立中华民国、北伐，直至逝世。附录孙中山年谱简编和孙中山小传。

附录

孙中山年谱简编

1866 年（清同治五年）出生于广东省香山县翠亨村。

1879 年（清光绪五年）入火奴鲁鲁（檀香山）学校读书。

1884 年（清光绪十年）入香港中央书院读书。同年在香港停学，再赴檀香山。

1885 年（清光绪十一年）回国。与卢慕贞结婚。往香港复学。

1886 年（清光绪十二年）中央书院毕业，入华南医学堂学医。

1891 年（清光绪十七年）子孙科出生。

1892 年（清光绪十八年）在澳门开设中西药局。

1893 年（清光绪十九年）改赴广州行医。

1894 年（清光绪二十年）上书李鸿章。在檀香山创立兴中会。

1896 年（清光绪二十二年）伦敦被难。

1902 年（清光绪二十八年）在东京嘱留日学生刘成禹撰《太平天国战史》，充作反清宣传品。该书于1904年在东京发行。

1903 年（清光绪二十九年）在东京创办革命军事学校，宣布"驱除鞑虏、恢复中华、创立民国、平均地权"革命宗旨。赴檀香山。

1904 年（清光绪三十年）在檀香山加入洪门，并受"洪棍"之职。

1905 年（清光绪三十一年） 在东京成立中国同盟会，《民报》正式发行。

1906 年（清光绪三十二年）制订同盟会《革命方略》。

1908 年（清光绪三十四年）清政府议定，再加十万赏银，悬赏捉拿孙中山。

1910 年（清宣统二年）在美国募款。

1911 年（清宣统三年）广州起义爆发，七十二烈士死于黄花岗。武昌起义爆发。回国。被选举为中华民国临时大总统。

1912 年（民国元年）就任中华民国临时大总统，成立中华民国临时政府。清帝退位。辞临时大总统职，袁世凯代任。

1914 年（民国三年）成立中华革命党。

1915 年（民国四年）组织中华革命军。与宋庆龄结婚。护国战争开始。

1916 年（民国五年）袁世凯称帝。发表二次讨袁宣言。

1917 年（民国六年）写成《民权初步》。中华革命党改为中国国民党名称。在广州组织军政府，任大元帅。

1918 年（民国七年）辞大元帅职。在上海写成《孙文学说》自序。

1919 年（民国八年）发表《护法宣言》。中华革命党改组为中国国民党。

1920 年（民国九年）重组军政府。

1921 年（民国十年）国会非常议会参众两院联合会在广州举行，通过《中华民国政府组织大纲》，并选举孙中山为非常大总统。在桂林设立北伐大本营。

1922年（民国十一年）北伐。陈炯明叛变，孙中山出走。在上海发表宣言，揭露陈炯明叛乱经过。

1923年（民国十二年）发表《中国国民党宣言》，公布《中国国民党党纲》。与苏联代表越飞发表《孙文越飞宣言》。在广州设立大元帅府，就任大元帅职，成立陆海军大元帅大本营。发表《中国国民党改组宣言》。筹备北伐。

1924年（民国十三年）中国国民党第一次代表大会开幕，通过《中国国民党第一次全国代表大会宣言》。列宁逝世，大会休会三天以示哀悼。设立黄埔军校筹备处，任命蒋介石为黄埔军校校长。商团暴乱。发表《北伐宣言》。冯玉祥北京政变成功，举电请孙中山北上主持国事。孙中山决定北上。命胡汉民留守。到黄埔军校辞别，并发表讲话论述北上的目的。发表《北上宣言》。带病入京。

1925年（民国十四年）肝病加重。在遗嘱上签字。在北京逝世，终年五十九岁。

孙中山小传

孙中山幼名帝象，学名文，字载之，号日新，后改号逸仙，旅居日本时曾化名中山樵，"中山"因而得名。

1866年11月12日孙中山出生于广东省香山县翠亨村，10岁入村塾读书，12岁到檀香山，17岁时回国，次年与卢慕贞结婚。1886年至1892年先后在广州、香港学医。毕业后，在澳门、广州行医，开始投身于政治活动。1894年上书李鸿章遭拒，再赴檀香山，创立兴中会，提出"驱除鞑虏，恢复中国，创立合众政府"的主张。

1905年在东京成立中国同盟会，系统提出三民主义思想，与保皇派论战。1895年至1911年策划多次反清武装起义。1911年10月10日武昌起义成功，各省响应，清政权覆灭，即为辛亥革命。

1912年元旦，在南京就任中华民国临时大总统，创立中国历史上第一个共和政体。4月卸职，交国柄于袁世凯。袁阴谋复辟帝制，孙中山乃于次年发动"二次革命"反袁。1914年在日本组织成立中华革命党。1915年与宋庆龄结婚。

1917年，在广州召开非常国会，组织中华民国军政府，被推举为大元帅，开展护法运动。1919年改组中华革命党为中国国民党，担任总理。1921年，非常国会又于广州议定组织中华民国正式政府，孙中山就任大总统，再举护法旗帜。1923年，孙中山第三次在广州建立政权，成立陆海军大元帅大本营，覆任大元帅。同年接受苏俄和中国共产党的建议，决定国共两党实行合作，以推进国民革命。1924年1月召开中国国民党第一次全国代表大会，改组了国民党，重新解释其三民主义。同年秋，冯玉祥发动"北京政变"，孙中山应邀北上，共商国是。1925年3月12日，因肝癌不治，逝世于北京。

[全书完]